일본어 한자 터잡기

입문편 부록

한자 쓰기 노트

따라서 써 보세요!!

〈1학년이 배우는 한자〉

一								
(한)일 一								
二								
(두)이 二 二								
三								
(석)삼 三 三 三								
四								
(넉)사 四 四 四 四 四								
五								
(다섯)오 五 五 五 五								
六								
(여섯)육 六 六 六 六								
七								
(일곱)칠 七 七								
八								
(여덟)팔 八 八								
九								
(아홉)구 九 九								
十								
(열)십 十 十								

2

日									
(해/날)일	日 冂 冃 日								
月									
(달)월	月 刀 月 月								
火									
(불)화	火 火 火 火								
水									
(물)수	水 水 水 水								
木									
(나무)목	木 木 木 木								
金									
(쇠)금	金 金 金 金 全 全 金 金								
土									
(흙)토	土 十 土								
大									
(큰)대	大 大 大								
中									
(가운데)중	中 口 中 中								
小									
(작을)소	小 小 小								

3

白								
(흰)백	白 白 白 白 白							
赤								
(붉을)적	赤 赤 赤 赤 赤 赤 赤							
靑								
(푸를)청	靑 靑 靑 靑 靑 靑 靑 靑							
上								
(윗)상	上 上 上							
下								
(아래)하	下 下 下							
左								
(왼쪽)좌	左 左 左 左 左							
右								
(오른쪽)우	右 右 右 右 右							
円								
(둥글)원	円 円 円 円							
玉								
(구슬)옥	玉 玉 玉 玉 玉							
百								
(일백)백	百 百 百 百 百 百							

千								
(일천)천　　ノ 二 千								
森								
(숲)삼　　森 森 森 森 杏 森 森 森 森 森 森 森								
林								
(수풀)림　　一 十 才 木 术 村 村 林								
山								
(뫼)산　　山 山 山								
川								
(내)천　　ノ 川 川								
天								
(하늘)천　　一 二 チ 天								
石								
(돌)석　　石 石 石 石 石								
空								
(빌)공　　一 宀 宀 宀 空 空 空 空								
気								
(기운)기　　気 気 気 気 気 気								
雨								
(비)우　　雨 雨 雨 雨 雨 雨 雨 雨								

夕									
(저녁)석	ノ ク 夕								
犬									
(개)견	大 犬 大 犬								
虫									
(벌레)충	虫 虫 虫 虫 虫 虫								
貝									
(조개)패	貝 貝 貝 貝 貝 貝 貝								
竹									
(대)죽	竹 竹 竹 竹 竹 竹								
花									
(꽃)화	花 花 花 花 花 花 花								
草									
(풀)초	草 草 草 草 草 草 草 草 草								
耳									
(귀)이	耳 耳 耳 耳 耳 耳								
目									
(눈)목	目 目 目 目 目								
手									
(손)수	手 手 手 手								

6

足									
(발)족　丨 口 口 𠂤 𠯳 足 足									
口									
(입)구　丨 冂 口									
出									
(날)출　丨 屮 屮 出 出									
入									
(들)입　丿 入									
立									
(설)립　丶 亠 亣 立 立									
休									
(쉴)휴　丿 亻 仁 什 休 休									
見									
(볼)견　見 冂 目 目 目 見 見									
男									
(사내)남　男 男 男 男 男 男 男									
女									
(계집)녀　乄 女 女									
人									
(사람)인　人 人									

7

名									
(이름)명 名 ク夕名名名									
王									
(임금)왕 王 王 王 王									
子									
(아들)자 了 了 子									
田									
(밭)전 田 口 田 田 田									
町									
(밭두둑)정 町 町 町 町 町 町 町									
村									
(마을)촌 村 村 村 村 村 村 村									
学									
(배울)학 学 学 学 学 学 学 学 学									
校									
(학교)교 校 校 校 校 校 校 校 校 校 校									
本									
(근본)본 本 本 木 木 本									
先									
(먼저)선 先 先 先 先 先 先									

生									
(낳을/살)생 生 𠂉 牜 牛 生 生									
文									
(글월)문 ` 亠 ナ 文									
正									
(바를)정 一 丁 下 正 正									
字									
(글자)자 ` 宀 宀 宀 宇 字									
年									
(해/나이)년 年 年 午 午 年 年									
力									
(힘)력 丿 力									
糸									
(실)사 糸 幺 幺 糸 糸 糸									
早									
(이를)조 ⺊ 口 曰 早 旦 早									
車									
(수레)차 一 ㄈ 戸 百 百 亘 車									
音									
(소리)음 ` 亠 立 立 音 音 音 音									

<2학년이 배우는 한자>

東									
(동녘)동 東東東東東東東東									
西									
(서녘)서 西西西西西西									
南									
(남녘)남 南南南南南南南南南									
北									
(북녘)북 北北北北北									
方									
(모)방 方方方方									
角									
(뿔)각 角角角角角角角									
市									
(저자)시 市市市市市									
場									
(마당)장 場場場場場場場場場場									
会									
(만날)회 会会会会会会									
社									
(모일)사 社社社社社社社									

公									
(공변될)공 公 八 公 公									
園									
(동산)원 l 冂 冂 閂 閅 閅 閅 閅 園 園 園 園 園									
寺									
(절)사 一 十 土 寺 寺 寺									
交									
(사귈섞일)교 交 文 亠 交 交 交 交									
每									
(매양)매 每 每 仁 每 每 每									
週									
(주일)주 刖 月 月 刖 用 用 周 周 调 调 週									
朝									
(아침)조 一 十 亠 古 古 直 直 車 軺 朝 朝 朝									
晝									
(낮)주 晝 旦 尺 尺 尺 尽 晝 晝 晝									
夜									
(밤)야 一 亠 广 疒 疔 夜 夜 夜									
時									
(때)시 l 冂 日 日 旷 旷 昨 昨 時 時									

曜									
(빛날)요 曜曜曜曜曜曜曜曜曜曜曜曜曜曜曜曜曜曜									
半									
(절반)반 半半半半半									
強									
(강할)강 強強強強強強強強強強									
弱									
(약할)약 弱弱弱弱弱弱弱弱弱弱									
遠									
(멀)원 遠遠遠遠遠遠遠遠遠遠遠遠									
近									
(가까울)근 近近近近近近近近									
古									
(옛)고 古古古古古									
今									
(이제)금 今今今今									
內									
(안)내 內內內內									
外									
(바깥)외 外外外外外									

前									
(앞)전　丷丷丷广广方方前前前									
後									
(뒤)후　丿丿彳彳彳彳彳後後後									
多									
(많을)다　夕夕多多多多									
少									
(적을)소　丿小小少									
京									
(서울)경　京京京京京亨京京									
里									
(마을)리　丶口曰旦甲里里									
牛									
(소)우　牛乍乍牛									
馬									
(말)마　馬厂馬馬馬馬馬馬馬馬									
魚									
(고기)어　魚魚魚色色魚魚魚魚魚魚									
鳥									
(새)조　鳥鳥鳥鳥鳥鳥鳥鳥鳥鳥鳥									

鳴									
(울)명	鳴鳴鳴鳴鳴鳴鳴鳴鳴鳴鳴鳴鳴鳴								
止									
(그칠)지	止止止止								
行									
(갈/행할)행	行行行行行行								
走									
(달릴)주	走走走走走走走								
来									
(올)래	来来来来来来来								
步									
(걸을)보	步步步步步步步步								
帰									
(돌아갈)귀	帰帰帰帰帰帰帰帰帰帰								
春									
(봄)춘	春春春春春春春春春								
夏									
(여름)하	夏夏夏夏夏夏夏夏夏夏								
秋									
(가을)추	秋秋秋秋秋秋秋秋秋								

14

冬									
(겨울)동	丿 ク 夂 冬 冬								
太									
(클)태	一 ナ 大 太								
広									
(넓을)광	広 広 広 広 広								
池									
(못)지	池 池 池 江 池 池								
谷									
(골짜기)곡	谷 谷 谷 冬 谷 谷 谷								
岩									
(바위)암	岩 岩 岩 岩 岩 岩 岩 岩								
星									
(별)성	星 星 星 星 星 星 早 星 星								
風									
(바람)풍	丿 几 凡 凡 凬 凬 凬 風 風								
海									
(바다)해	海 海 海 海 海 海 海 海 海								
高									
(높을)고	高 高 高 高 高 高 高 高 高 高								

原									
(근원)원	原原原原原原原原原原								
雪									
(눈)설	雪雪雪雪雪雪雪雪雪雪雪								
野									
(들)야	野野野野野野野野野野								
黃									
(누를)황	黃黃黃黃黃黃黃黃黃黃黃								
雲									
(구름)운	雲雲雲雲雲雲雲雲雲雲雲								
顔									
(얼굴)안	顔顔顔顔顔顔顔顔顔顔顔顔顔顔顔顔								
色									
(빛)색	色色色色色色								
心									
(마음)심	心心心心								
首									
(머리/목)수	首首首首首首首首首								
体									
(몸)체	体体什什体体体								

16

頭									
(머리)두 頭頭頭頭頭頭頭頭頭頭頭頭頭頭頭頭									
父									
(아비)부 父父父父									
母									
(어미)모 母母母母母									
兄									
(형)형 兄兄兄兄兄									
弟									
(아우)제 弟弟弟弟弟弟弟									
親									
(친할)친 親親親親親親親親親親親親親親親親									
友									
(벗)우 友友友友									
店									
(가게)점 店店店店店店店店									
長									
(길)장 長長長長長長長長									
姉									
(누이)자 姉姉姉姉姉姉姉姉									

妹									
(누이)매	妹 妹 妹 妹 妹 妹 妹 妹								
自									
(스스로)자	自 自 自 自 自 自								
分									
(나눌)분	分 分 今 分								
切									
(끊을/모두)절/체	切 切 切 切								
肉									
(고기)육	肉 肉 肉 肉 肉 肉								
米									
(쌀)미	米 米 米 米 米 米								
麦									
(보리)맥	麦 麦 麦 麦 麦 麦 麦								
食									
(먹을)식	𠆢 𠆢 𠆢 今 今 食 食 食 食								
茶									
(차)다	茶 茶 茶 茶 茶 茶 茶 茶 茶								
道									
(길)도	道 道 道 道 道 道 道 道 道 道 道								

18

絵										
(그림)회	絵絵絵絵絵絵絵絵絵絵絵									
画										
(그림/가를)화/획	画画丙丙丙丙画画									
言										
(말씀)언	言言言言言言言									
語										
(말씀)어	語語語語語語語語語語語語									
教										
(가르칠)교	教教教教教教教教教教教									
室										
(집)실	室室室室室室室室室									
工										
(장인)공	工工工									
作										
(지을)작	作作作作作作作									
計										
(셈할)계	計計計計計計計計									
算										
(셈할)산	算算算算算算算算算算算算									

点									
(점)점	点点点点点点点点点								
数									
(셈할)수	数数数数数数数数数数数数								
読									
(읽을)독	読読読読読読読読読読読読読								
書									
(글)서	書書書書書書書書書書								
科									
(품등)과	科科科科科科科科科								
黒									
(검을)흑	黒黒黒黒黒黒黒黒黒黒黒								
答									
(대답할)답	答答答答答答答答答答答答								
線									
(실)선	線線線線線線線線線線線線線線								
新									
(새)신	新新新新新新新新新新新								
聞									
(들을)문	聞聞聞聞聞聞聞聞聞聞聞聞聞								

20

番									
(차례)번	禹 禹 禹 番 乑 乑 采 采 番 番 番 番								
組									
(끈)조	組 組 組 組 組 組 組 組 組 組								
歌									
(노래)가	歌 歌 歌 歌 歌 歌 歌 哥 哥 哥 歌 歌 歌 歌								
声									
(소리)성	声 声 声 声 声 吉 声								
楽									
(즐길)락	楽 楽 楽 楽 楽 楽 楽 楽 楽 楽 楽 楽								
売									
(팔)매	売 売 売 売 売 声 売								
買									
(살)매	買 買 買 買 買 買 買 買 買 買 買 買								
門									
(문)문	門 門 門 門 門 門 門 門								
戸									
(집)호	戸 戸 戸 戸								
弓									
(활)궁	弓 弓 弓								

矢								
(화살)시 矢 矢 矢 矢 矢								
汽								
(김)기 汽 汽 汽 汽 汽 汽 汽								
船								
(배)선 船 船 舟 舟 船 舟 船 船 船 船								
台								
(토대)대 台 台 台 台 台								
光								
(빛)광 光 光 光 光 光 光								
紙								
(종이)지 紙 紙 紙 紙 紙 紙 紙 紙 紙 紙								
地								
(땅)지 地 地 地 地 地 地								
図								
(그림)도 図 図 図 図 図 図 図								
電								
(전기)전 電 電 電 電 電 電 電 電 電 電 電 電 電								
話								
(이야기)화 話 話 話 話 話 話 話 話 話 話 話 話								

22

羽									
(깃)우	刁 刁 刃 羽 羽 羽 羽								
毛									
(털)모	毛 毛 毛 毛								
丸									
(둥글)환	丿 九 丸								
形									
(모양)형	一 二 干 开 开 形 形								
刀									
(칼)도	刀 刀								
万									
(일만)만	丆 丆 万								
才									
(재주)재	一 十 才								
引									
(당길)인	引 引 引 引								
午									
(낮)오	丿 一 二 午								
元									
(근원)원	元 元 元 元								

用								
(쓸)용　丿 几 月 月 用								
考								
(상고할)고　考 考 考 考 考 考								
当								
(마땅할)당　当 当 当 当 当 当								
同								
(한가지)동　丨 冂 冂 同 同 同								
知								
(알)지　知 知 知 知 知 知 知 知								
合								
(합할)합　人 人 合 合 合 合								
回								
(돌아올)회　回 回 回 回 回 回								
何								
(무엇)하　何 何 何 何 何 何 何								
明								
(밝을)명　明 明 明 明 明 明 明 明								
直								
(곧을)직　直 直 直 直 直 直 直 直								

国								
(나라)국 国 门 同 同 国 国 国 国								
思								
(생각할)사 思 思 思 思 思 思 思 思								
活								
(살)활 氵氵汗 汗 汗 汗 活 活 活								
家								
(집)가 宀 宀 宀 宀 宁 宇 宇 家 家 家								
記								
(적을)기 言 言 言 言 言 記 記 記								
通								
(통할)통 通 通 通 甬 甬 甬 甬 涌 涌 通								
理								
(다스릴)리 理 理 理 理 理 理 理 理 理 理								
細								
(가늘)세 細 細 細 細 細 細 細 細 細 細								
間								
(사이)간 丨 冂 冂 冂 冂 門 門 門 門 間 間 間								
晴								
(맑을)청 晴 晴 晴 晴 晴 晴 晴 晴 晴 晴								

反 (돌이킬)반 反反反反								
対 (마주볼)대 対対対対対対対								
軽 (가벼울)경 軽軽軽軽軽軽軽軽軽軽軽軽								
重 (무거울)중 重重重重重重重重重								
寒 (찰)한 寒寒寒寒寒寒寒寒寒寒寒								
暑 (더울)서 暑暑暑暑暑暑暑暑暑暑暑暑								
去 (갈)거 去去去去去								
返 (돌아올)반 返返返返返返返								
助 (도울)조 助助助助助助助								
拾 (주울)습 拾拾拾拾拾拾拾拾拾								

持									
(가질)지　持 持 打 打 打 持 持 持 持									
起									
(일어날)기　起 走 走 走 走 走 走 起 起 起									
開									
(열)개　開 門 門 門 門 門 門 門 門 開 開 開									
登									
(오를)등　フ ゔ ゔ ゔ 癶 癶 癶 登 登 登 登 登									
落									
(떨어질)락　落 落 落 落 落 落 落 落 落 落 落 落									
神									
(귀신)신　神 神 神 神 神 神 神 神 神									
宮									
(대궐)궁　宮 宮 宮 宮 宮 宮 宮 宮 宮 宮									
寫									
(베낄)사　写 写 写 写 写									
眞									
(참)진　眞 眞 眞 眞 眞 眞 直 真 真 真									
湖									
(호수)호　湖 湖 湖 湖 湖 湖 湖 湖 湖 湖 湖									

27

岸										
(언덕)안	岸 岸 岸 岸 岸 岸 岸 岸									
旅										
(여행할)여	旅 旅 方 斻 斻 斻 旅 旅 旅									
館										
(객사)관	館 館 館 館 館 館 館 館 館 館 館 館 館 館									
期										
(기약할)기	期 期 期 期 期 期 期 期 期 期 期									
待										
(기다릴)대	待 待 待 待 待 待 待 待 待									
消										
(사라질)소	消 消 消 消 消 消 消 消 消 消									
息										
(숨쉴)식	息 息 息 息 息 息 息 息 息 息									
終										
(끝)종	終 終 終 終 終 終 終 終 終 終									
着										
(입을)착	着 着 着 着 着 着 着 着 着 着 着									
駅										
(역말)역	駅 駅 駅 駅 駅 駅 駅 駅 駅 駅 駅 駅 駅									

始									
(처음)시	く タ 女 如 如 始 始 始								
発									
(필)발	孑 癶 発 癶 癶 癶 発 発								
病									
(병들)병	病 病 广 广 疒 疒 病 病 病								
院									
(집)원	院 院 院 院 院 院 院 院 院 院								
流									
(흐를)류	流 流 流 流 流 流 流 流 流 流								
血									
(피)혈	血 血 白 白 血 血								
医									
(의원)의	医 医 医 医 医 医 医								
者									
(놈)자	者 者 耂 者 者 者 者 者								
薬									
(약)약	薬 薬 薬 薬 薬 薬 薬 薬 薬 薬 薬 薬 薬 薬 薬								
局									
(판)국	局 局 局 局 局 局 局								

指								
(손가락)지	指 指 指 指 指 指 指 指							
全								
(온통)전	入 入 仐 仐 全 全							
身								
(몸)신	身 身 身 身 身 身 身							
皮								
(가죽)피	皮 皮 皮 皮 皮							
齒								
(이)치	齒 齒 齒 齒 齒 齒 齒 齒 齒 齒 齒 齒							
鼻								
(코)비	鼻 鼻 鼻 鼻 鼻 鼻 鼻 鼻 鼻 鼻 鼻 鼻 鼻 鼻							
遊								
(놀)유	遊 遊 遊 遊 遊 遊 遊 遊 遊 遊 遊 遊							
泳								
(수영할)영	泳 泳 泳 泳 泳 泳 泳 泳							
有								
(있을)유	有 有 有 有 有 有							
急								
(급할)급	急 急 急 急 急 急 急 急 急							

速									
(빠를)속 　速速速速車車束凍速速									
短									
(짧을)단 　短短短短短短短短短短短									
温									
(따뜻할)온 　温温温温温温温温温温温温									
暗									
(어두울)암 　暗暗暗暗暗暗暗暗暗暗暗暗									
安									
(편안할)안 　安安安安安安									
打									
(칠)타 　打打打打打									
練									
(익힐)연 　練練練練練練練練練練練練									
習									
(익힐)습 　習習習習習習習習習習									
勝									
(이길)승 　勝勝勝勝勝勝勝勝勝勝									
負									
(질)부 　負負負負負負負負負									

投									
(던질)투 投投投投投投投									
球									
(공)구 球球球球球球球球球球球									
曲									
(굽을)곡 曲曲曲曲曲曲									
次									
(버금)차 次次次次次次									
運									
(나를)운 運運運運運運運運運運運運									
幸									
(다행)행 幸幸幸幸幸幸幸幸									
福									
(복)복 福福福福福福福福福福福									
感									
(감동할)감 感感感感感感感感感感感感感									
動									
(움직일)동 動動動動動動動動動動動									
悲									
(슬퍼할)비 悲悲悲悲悲悲悲悲悲悲悲									

役									
(부릴)역　役役役役役役役									
苦									
(쓸)고　苦苦苦苦苦苦苦苦									
美									
(아름다울)미　美美美美美美美美美									
想									
(생각할)상　想想想想想想想想想想想想想									
列									
(줄/벌일)열/렬　列列列列列列									
島									
(섬)도　島島島島島島島島島島									
化									
(될)화　化化化化									
永									
(얼음)빙　永永永永永									
油									
(기름)유　油油油油油油油油									
波									
(파도)파　波波波波波波波波									

炭									
(숯)탄 炭炭炭炭炭炭炭炭炭									
畑									
(화전)전 畑畑畑畑畑畑畑畑									
根									
(뿌리)근 根根根根根根根根根									
深									
(깊을)심 深深深深深深深深深深									
植									
(심을)식 植植植植植植植植植植植									
陽									
(볕)양 陽陽陽陽陽陽陽陽陽陽陽									
葉									
(잎)엽 葉葉葉葉葉葉葉葉葉葉葉									
農									
(농사)농 農農農農農農農農農農農農農									
綠									
(초록빛)록 綠綠綠綠綠綠綠綠綠綠綠綠									
受									
(받을)수 受受受受受受受受									

取									
(취할)취	取取取取取取取取								
物									
(만물)물	㇒㇒ㅓ 牛牛 牜物物物								
品									
(물건)품	品品品品品品品品品								
配									
(짝)배	配配配配配配配配配配								
送									
(보낼)송	送送送送关关送送送								
商									
(장사)상	商商商商商商商商商商商								
業									
(업)업	業業業業業業業業業業								
庫									
(곳집)고	庫庫庫庫庫庫庫庫庫庫								
荷									
(짐)하	荷荷荷荷荷荷荷荷荷荷								
箱									
(상자)상	箱箱箱箱箱箱箱箱箱箱箱箱箱箱								

鉄									
(쇠)철 鉄鉄鉄鉄鉄鉄鉄鉄鉄鉄鉄鉄									
橋									
(다리)교 橋橋橋橋橋橋橋橋橋橋橋橋橋橋橋									
乗									
(탈)승 乗乗乗乗乗乗乗乗乗									
客									
(손님)객 客客客客客客客客客									
笛									
(피리)적 笛笛笛笛笛笛笛笛笛笛笛									
港									
(항구)항 港港港港港港港港港港港港									
横									
(가로)횡 横横横横横横横横横横横横横横									
住									
(살)주 住住住住住住住									
所									
(바)소 所所所所所所所所									
丁									
(넷째천간)정 丁丁									

36

区									
(구역)구	区 フ ヌ 区								
州									
(고을)주	州 州 州 州 州 州								
県									
(고을)현	県 県 県 県 県 県 県 県 県								
庭									
(뜰)정	庭 庭 广 广 庄 庄 庄 庭 庭								
族									
(겨레)족	族 二 方 方 方 方 族 族 族 族								
仕									
(섬길)사	仕 仕 仕 仕 仕								
事									
(일)사	一 ヒ 戸 戸 写 写 事 事								
進									
(나아갈)진	進 亻 亻 仁 仕 仕 住 進 進 進								
路									
(길)로	路 路 路 路 路 路 路 路 路 路 路 路								
転									
(구를)전	転 転 転 車 車 車 転 転 転 転								

37

向										
(향할)향 向 向 向 向 向 向										
研										
(갈)연 研 研 研 研 研 研 研 研										
究										
(궁구할)구 究 究 究 究 究 究 究 究										
相										
(서로)상 相 相 相 相 相 相 相 相 相										
談										
(말씀)담 談 談 談 談 談 談 談 談 談 談 談 談 談 談										
係										
(걸릴)계 係 係 係 係 係 係 係 係 係										
宿										
(묵을)숙 宿 宿 宿 宿 宿 宿 宿 宿 宿 宿 宿										
題										
(제목)제 題 題 題 題 題 題 題 題 題 題 題 題 題 題 題 題										
詩										
(시)시 詩 詩 詩 詩 詩 詩 詩 詩 詩 詩 詩 詩										
集										
(모을)집 集 集 集 集 集 集 集 集 集 集 集 集										

意										
(뜻)의	意意意意意意意意意意意意意									
味										
(맛)미	味味味味味味味味									
委										
(맡길)위	委委委委委委委委									
員										
(관원)원	員員員員員員員員員員									
勉										
(힘쓸)면	勉勉勉勉勉勉勉勉勉勉									
問										
(물을)문	問問問問問問問問問問問									
章										
(글)장	章章章章章章章章章章章									
第										
(차례)제	第第第第第第第第第第第									
漢										
(한나라)한	漢漢漢漢漢漢漢漢漢漢漢漢漢									
君										
(임금)군	君君君君君君君									

主								
(주인)주 主 二 十 宇 主								
平								
(평평할)평 平 平 平 平 平								
等								
(무리)등 等 等 等 等 等 等 等 等 等 等 等								
追								
(쫓을)추 追 追 追 追 追 追 追 追 追								
放								
(놓을)방 放 放 放 放 放 放 放 放								
礼								
(예도)례 礼 礼 礼 礼 礼								
式								
(법)식 式 式 式 式 式 式								
守								
(지킬)수 守 守 守 守 守 守								
昔								
(옛)석 昔 昔 昔 昔 昔 昔 昔 昔								
祭								
(제사)제 祭 祭 祭 祭 祭 祭 祭 祭 祭 祭								

飮									
(마실)음	ノ ハ ケ 今 今 今 育 肖 肖 自 飮 飮 飮								
酒									
(술)주	酒 酒 酒 酒 酒 酒 酒 酒 酒 酒								
部									
(나눌)부	部 部 部 部 部 部 部 部 部 部								
屋									
(집)옥	屋 屋 屋 屋 屋 屋 屋 屋 屋								
皿									
(접시)명	皿 皿 皿 皿 皿								
豆									
(콩)두	豆 豆 豆 豆 豆 豆 豆								
具									
(갖출)구	具 具 具 具 具 具 具 具								
服									
(옷)복	服 服 服 服 服 服 服 服								
注									
(흐를)주	丶 氵 氵 汀 沪 浐 汧 注 注								
柱									
(기둥)주	柱 柱 柱 柱 柱 柱 柱 柱 柱								

帳									
(휘장)장 帳帳帳帳帳帳帳帳帳帳									
階									
(층계)계 階階階階階階階階階階階									
童									
(아이)동 童童童童童童童童童童童									
湯									
(끓일)탕 湯湯湯湯湯湯湯湯湯湯湯									
銀									
(은)은 銀銀銀銀銀銀銀銀銀銀銀銀									
予									
(미리)예 予予予予									
代									
(대신할)대 代代代代代									
申									
(아뢸)신 申申申申申									
世									
(세상)세 世世世世世									
由									
(말미암을)유 由由由由由									

央									
(가운데)앙	央央央央央								
他									
(남)타	他他他他他								
号									
(부를)호	号号号号号								
両									
(두)량	両両両両両両								
死									
(죽을)사	死死死死死死								
羊									
(양)양	羊羊羊羊羊羊								
決									
(정할)결	決決決決決決決								
命									
(목숨)명	ノ人人今合合命命								
使									
(부릴)사	使使使使使使使								
坂									
(비탈)판	坂坂坂坂坂坂坂								

実									
(열매)실	実実実実実実実実								
育									
(기를)육	育育育育育育育育								
定									
(정할)정	定定定定定定定定								
板									
(널빤지)판	板板板板板板板板								
表									
(겉)표	表表表表表表表表								
和									
(화목할)화	和和和和和和和和								
界									
(경계)계	界界界界界界界界界								
級									
(등급)급	級級級級級級級級級								
度									
(법)도	度度度度度度度度								
面									
(낯)면	面面面面面面面面								

昭				・					
(밝힐)소	𣇪 𣇪 𣇪 𣇪 昭 昭 昭 昭 昭								
洋									
(큰바다)양	丶 丶 氵 氵 洋 洋 洋 洋 洋								
秒									
(초)초	秒 秒 秒 秒 秒 秒 秒 秒 秒								
倍									
(배)배	倍 倍 倍 倍 倍 倍 倍 倍 倍								
都									
(도읍)도	都 都 都 都 者 都 都 都 都 都								
惡									
(나쁠)악	惡 惡 惡 惡 惡 惡 惡 惡 惡 惡								
筆									
(붓)필	筆 筆 筆 筆 筆 筆 筆 筆 筆 筆 筆								
樣									
(모양)양	樣 樣 樣 樣 樣 樣 樣 樣 樣 樣 樣 樣 樣 樣								
調									
(고를)조	調 調 調 調 調 調 調 調 調 調 調 調 調 調								
整									
(가지런할)정	整 整 整 整 整 整 整 整 整 整 整 整 整 整 整								

〈일본 한자와 한국 한자 비교하며 써보기〉

学					學				
배울 학	学学学学学学学				배울 학	學學學學學學學學			
国					國				
나라 국	国国国国国国国				나라 국	國國國國國國國國國			
会					會				
만날 회	会会会会会会				만날 회	合合合合合命命命命會會會會			
社					社				
모일 사	社社社社社社社				모일 사	社社社社社社社			
売					賣				
팔 매	売売売売売売売				팔 매	賣賣賣賣賣賣賣賣賣賣賣賣			
読					讀				
읽을 독	読読読読読読読読読読読読読読				읽을 독	讀讀讀讀讀讀讀讀讀			
強					强				
강할 강	強強強強強強強強強強				강할 강	强强强强强强强强强强			
每					每				
매양 매	每每每每每每				매양 매	每每每每每每每			
声					聲				
소리 성	声声声声声声声				소리 성	聲聲聲聲聲聲聲聲聲聲聲			
絵					繪				
그림 회	絵絵絵絵絵絵絵絵絵絵				그림 회	繪繪繪繪繪繪繪繪繪繪繪繪繪繪繪繪			

画					畫				
그림화 / 가를 획　画面而而而面画画					그림화 / 가를 획　畫畫畫畫畫畫書書書書書畫				
体					體				
몸 체　体体仁什休休体					몸 체　體體體體體體體體體體體				
来					來				
올 래　来来来来来来来					올 래　来来来来来来來来				
当					當				
마땅할 당　当当当当当当					마땅할 당　當當當當當當當當當當當當				
海					海				
바다 해　海海海海海海海海海					바다 해　海海海海海海海海海海				
者					者				
놈 자　者者者者者者者者					놈 자　者者者者者者者者者				
礼					禮				
예도 례　礼礼礼礼礼					예도 례　禮禮禮禮禮禮禮禮禮禮禮禮禮				
悪					惡				
나쁠 악　悪悪悪悪悪悪悪悪悪悪					나쁠 악　惡惡惡惡惡惡惡惡惡惡				
漢					漢				
한나라 한　漢漢漢漢漢漢漢漢漢漢漢					한나라 한　漢漢漢漢漢漢漢漢漢漢漢				
神					神				
귀신 신　神神神神神神神神神					귀신 신　神神神神神神神神神神				

일본어 한자
터잡기

漢字
쓰기
노트

www.dongyangbooks.com

일본 초등학생들이 배우는

일본어 漢字 터잡기

입문편
일본 소학교
1~3학년 한자

이수길 **지음**

동양북스

일본 초등학생들이 배우는

일본어 漢子 터잡기 입문편

초판 16쇄 | 2020년 2월 15일

지은이 | 이수길
발행인 | 김태웅
편집장 | 강석기
책임 편집 | 길혜진. 이선민
디자인 | 정혜미, 남은혜
마케팅 | 나재승
제   작 | 현대순

발행처 | ㈜동양북스
등   록 | 제 2014-000055호
주   소 | 서울시 마포구 동교로22길 14(04030)
구입 문의 | 전화 (02)337-1737   팩스 (02)334-6624
내용 문의 | 전화 (02)337-1762   dybooks2@gmail.com

ISBN 89-8300-447-9 03730

책을 내면서

대부분의 일본어 학습자가 공부를 하면서 가장 어려움을 느끼는 것이 바로 한자입니다. 이러한 현상은 교양으로 배우는 학습자에게만 국한된 것이 아니고 전공으로 배우는 학습자에게도 일맥상통하는 일로, 학습자들의 80% 이상은 일본어 학습에서 한자가 가장 난점이라고 서슴지 않고 말합니다. 일본어가 한국어와 어순이 유사하다는 점은 학습자들에게 쉽다는 느낌을 주지만, 한편으로 한자의 벽을 깨지 못하면 일본어가 어렵다는 인식이 일본어 학습 발전을 저해하는 요소로 작용하고 있는 것도 부정할 수 없는 안타까운 일입니다.

일본에서 초등학교 때부터 한자교육을 실시하고 있다는 것은 이미 알려져 있는 사실입니다. 일본 현지에서 상용한자로 활용되는 한자는 1945자인데, 그 중에서 초등학교에서 배우는 한자는 1006자입니다. 그야말로 천자문인데, 상용한자의 절반 이상을 초등학교에서 학습을 마치고 활용하는 셈입니다. 1학년에서 6학년까지 순서대로 한자검정시험에 준하는 급수별로 배우게 되며, 1006자의 한자에는 명사로 활용되는 한자도 많지만 형용사와 동사로 활용되는 한자도 상당수 속해 있어 수준 높은 단계라고 할 수 있습니다.

필자는 이러한 일본 초등학교에서 학습하는 천자문으로 일본어 학습자들의 난점을 해소시키고 일본어 학습 발전에 극대화를 꾀할 수 있는 일본어 한자 학습의 새로운 방법론을 제시하고자 출판을 하게 되었습니다. 일본 초등학생들이 배우고 익히는 한자를 정복한다는 것은 일본어의 질을 향상시키고 어렵다고 느껴지는 한자의 벽을 깰 수 있는 일입니다. 또한 자신의 일본어 실력을 판단할 수 있는 계기도 되고 일본어능력시험외 한자공부도 겸할 수 있어서 일석이조의 효과를 얻을 수 있습니다.

일본어를 좋아하고 재미있게 공부하고 싶은 학습자 모두에게 본서가 일본어 한자의 벽을 통쾌하게 무너뜨리는 데 일조할 수 있기를 기대합니다.

저자 이 수 길

목차

이 책의 구성 및 학습 요령

1. 일본 초등학교 천자문을 한 눈으로 확인한다.

일본에서 초등학생들이 6년 동안 익히는 한자는 1006자이다. 상용한자의 1945자 중에서 절반 이상은 초등학교에서 배우게 되는 셈이다. 또한 일본어 한자검정시험에서는 1급에서 10급까지 수준별로 나누어진다. 6학년까지의 한자는 일본어 한자검정시험의 6급에 해당된다.

그러한 의미에서도 일본 초등학교에서 배우는 1학년에서 6학년까지의 한자를 학년별로 표에서 확인하는 것만으로도 자극적 효과를 유발할 수 있게 된다.

2. 일본 초등학교 천자문과 나의 실력을 비교 체크한다.

일본어를 전공으로 공부를 했든 교양으로 학습을 했든 현시점에서 일본 초등학생들이 배우는 천자문 중 자신이 알고 있는 한자가 얼마나 되는가를 비교해 보는 것은 의미있는 일이다.

학년별로 알고 있는 한자와 모르는 한자를 체크박스에 표시하고 종합적으로 계산해, 1006자 중에서 몇 자를 알고 있는지 자신의 실력을 점검해 본다.

3. 순서대로 학년별 한자를 익힌다.

한자를 눈으로 확인한다.

음독과 훈독을 읽어본다.

뜻을 확인한다.

획순을 확인한다.

한자의 사용 예를 확인하고 암기한다.

한자를 직접 필순에 따라서 써 본다.

일본 초등학생이 배우는 한자와 나의 한자 실력 비교

일본 초등학생이 배우는 천자문 중에서 자신이 알고 있는 한자는 얼마나 되고 모르는 한자는 몇 개나 되는가를 확인해 본다. 하나의 한자를 훈독이든 음독이든 어느 쪽 하나를 알고 있으면 아는 한자로 체크해 본다. 1학년에서 3학년까지 학년별로 비교해 보고, 자신의 일본어 한자실력은 일본 초등학생의 몇 학년의 위치에 있는가를 점검해 보는 단계이다.

1학년이 배우는 한자

一	二	三	四	五	六	七	八	九	十
(한)일	(두)이	(석)삼	(넉)사	(다섯)오	(여섯)육	(일곱)칠	(여덟)팔	(아홉)구	(열)십
日	月	火	水	木	金	土	大	中	小
(해/날)일	(달)월	(불)화	(물)수	(나무)목	(쇠)금	(흙)토	(큰)대	(가운데)중	(작을)소
白	赤	青	上	下	左	右	円	玉	百
(흰)백	(붉을)적	(푸를)청	(윗)상	(아래)하	(왼쪽)좌	(오른쪽)우	(둥글)원	(구슬)옥	(일백)백
千	森	林	山	川	天	石	空	気	雨
(일천)천	(숲)삼	(수풀)림	(뫼)산	(내)천	(하늘)천	(돌)석	(빌)공	(기운)기	(비)우
夕	犬	虫	貝	竹	花	草	耳	目	手
(저녁)석	(개)견	(벌레)충	(조개)패	(대)죽	(꽃)화	(풀)초	(귀)이	(눈)목	(손)수
足	口	出	入	立	休	見	男	女	人
(발)족	(입)구	(날)출	(들)입	(설)립	(쉴)휴	(볼)견	(사내)남	(계집)녀	(사람)인
名	王	子	田	町	村	学	校	本	先
(이름)명	(임금)왕	(아들)자	(밭)전	(밭두둑)정	(마을)촌	(배울)학	(학교)교	(근본)본	(먼저)선

生	文	正	字	年	力	糸	早	車	音
(낳을/살)생	(글월)문	(바를)정	(글자)자	(해/나이)년	(힘)력	(실)사	(이를)조	(수레)차	(소리)음

나의 실력
한자 총수: 80자
아는 한자:　　자
모르는 한자:　　자

2학년이 배우는 한자

東	西	南	北	方	角	市	場	会	社
(동녘)동	(서녘)서	(남녘)남	(북녘)북	(모)방	(뿔)각	(저자)시	(마당)장	(만날)회	(모일)사
公	園	寺	交	毎	週	朝	昼	夜	時
(공변될)공	(동산)원	(절)사	(사귈/섞일)교	(매양)매	(주일)주	(아침)조	(낮)주	(밤)야	(때)시
曜	半	強	弱	遠	近	古	今	内	外
(빛날)요	(절반)반	(강할)강	(약할)약	(멀)원	(가까울)근	(옛)고	(이제)금	(안)내	(바깥)외
前	後	多	少	京	里	牛	馬	漁	鳥
(앞)전	(뒤)후	(많을)다	(적을)소	(서울)경	(마을)리	(소)우	(말)마	(고기잡을)어	(새)조
鳴	止	行	走	来	歩	帰	春	夏	秋
(울)명	(그칠)지	(갈/행할)행	(달릴)주	(올)래	(걸을)보	(돌아갈)귀	(봄)춘	(여름)하	(가을)추
冬	太	広	池	谷	岩	星	風	海	高
(겨울)동	(클)태	(넓을)광	(못)지	(골짜기)곡	(바위)암	(별)성	(바람)풍	(바다)해	(높을)고
原	雪	野	黄	雲	顔	色	心	首	体
(근원)원	(눈)설	(들)야	(누를)황	(구름)운	(얼굴)안	(빛)색	(마음)심	(머리/목)수	(몸)체

頭	父	母	兄	弟	親	友	店	長	姉
(머리)두	(아비)부	(어미)모	(형)형	(아우)제	(친할)친	(벗)우	(가게)점	(길)장	(누이)자
妹	自	分	切	肉	米	麦	食	茶	道
(누이)매	(스스로)자	(나눌)분	(끊을/모두절/체	(고기)육	(쌀)미	(보리)맥	(먹을)식	(차)다	(길)도
絵	画	言	語	教	室	工	作	計	算
(그림)회	(그림/가를畵/획	(말씀)언	(말씀)어	(가르칠)교	(집)실	(장인)공	(지을)작	(셈할)계	(셈할)산
点	数	読	書	科	黒	答	線	新	聞
(점)점	(셈할)수	(읽을)독	(글)서	(품등)과	(검을)흑	(대답할)답	(실)선	(새)신	(들을)문
番	組	歌	声	楽	売	買	門	戸	弓
(차례)번	(끈)조	(노래)가	(소리)성	(즐길)락	(팔)매	(살)매	(문)문	(집)호	(활)궁
矢	汽	船	台	光	紙	地	図	電	話
(화살)시	(김)기	(배)선	(토대)대	(빛)광	(종이)지	(땅)지	(그림)도	(전기)전	(이야기)화
羽	毛	丸	形	刀	万	才	引	午	元
(깃)우	(털)모	(둥글)환	(모양)형	(칼)도	(일만)만	(재주)재	(당길)인	(낮)오	(근원)원
用	考	当	同	知	合	回	何	明	直
(쓸)용	(상고할)고	(마땅할)당	(한가지)동	(알)지	(합할)합	(돌아올)회	(어찌)하	(밝을)명	(곧을)직
国	思	活	家	記	通	理	細	間	晴
(나라)국	(생각할)사	(살)활	(집)가	(적을)기	(통할)통	(다스릴)리	(가늘)세	(사이)간	(맑을)청

나의 실력
한자 총수: 160자
아는 한자: 자
모르는 한자: 자

3학년이 배우는 한자

反	対	軽	重	寒	暑	去	返	助	拾
(돌이킬)반	(마주볼)대	(가벼울)경	(무거울)중	(찰)한	(더울)서	(갈)거	(돌아올)반	(도울)조	(주울)습
持	起	開	登	落	神	宮	写	真	湖
(가질)지	(일어날)기	(열)개	(오를)등	(떨어질)락	(귀신)신	(대궐)궁	(베낄)사	(참)진	(호수)호
岸	旅	館	期	待	消	息	終	着	駅
(언덕)안	(여행할)여	(객사)관	(기약할)기	(기다릴)대	(사라질)소	(숨쉴)식	(끝)종	(입을)착	(역말)역
始	発	病	院	流	血	医	者	薬	局
(처음)시	(필)발	(병들)병	(집)원	(흐를)류	(피)혈	(의원)의	(놈)자	(약)약	(판)국
指	全	身	皮	歯	鼻	遊	泳	有	急
(손가락)지	(온통)전	(몸)신	(가죽)피	(이)치	(코)비	(놀)유	(수영할)영	(있을)유	(급할)급
速	短	温	暗	安	打	練	習	勝	負
(빠를)속	(짧을)단	(따뜻할)온	(어두울)암	(편안할)안	(칠)타	(익힐)연	(익힐)습	(이길)승	(질)부
投	球	曲	次	運	幸	福	感	動	悲
(던질)투	(공)구	(굽을)곡	(버금)차	(나를)운	(다행)행	(복)복	(감동할)감	(움직일)동	(슬퍼할)비
役	苦	美	想	列	島	化	永	油	波
(부릴)역	(쓸)고	(아름다울)미	(생각할)상	(줄/벌일)열/렬	(섬)도	(될)화	(얼음)빙	(기름)유	(파도)파
炭	畑	根	深	植	陽	葉	農	緑	受
(숯)탄	(화전)전	(뿌리)근	(깊을)심	(심을)식	(볕)양	(잎)엽	(농사)농	(초록빛)록	(받을)수

取	物	品	配	送	商	業	庫	荷	箱
(취할)취	(만물)물	(물건)품	(짝)배	(보낼)송	(장사)상	(업)업	(곳집)고	(짐)하	(상자)상
鉄	橋	乗	客	笛	港	横	住	所	丁
(쇠)철	(다리)교	(탈)승	(손님)객	(피리)적	(항구)항	(가로)횡	(살)주	(바)소	(넷째천간)정
区	州	県	庭	族	仕	事	進	路	転
(구역)구	(고을)주	(고을)현	(뜰)정	(겨레)족	(섬길)사	(일)사	(나아갈)진	(길)로	(구를)전
向	研	究	相	談	係	宿	題	詩	集
(향할)향	(갈)연	(궁구할)구	(서로)상	(말씀)담	(걸릴)계	(묵을)숙	(제목)제	(시)시	(모을)집
意	味	委	員	勉	問	章	第	漢	君
(뜻)의	(맛)미	(맡길)위	(관원)원	(힘쓸)면	(물을)문	(글)장	(차례)제	(한나라)한	(임금)군
主	平	等	追	放	礼	式	守	昔	祭
(주인)주	(평평할)평	(무리)등	(쫓을)추	(놓을)방	(예도)례	(법)식	(지킬)수	(옛)석	(제사)제
飲	酒	部	屋	皿	豆	具	服	注	柱
(마실)음	(술)주	(나눌)부	(집)옥	(접시)명	(콩)두	(갖출)구	(옷)복	(흐를)주	(기둥)주
帳	階	童	湯	銀	予	代	申	世	由
(휘장)장	(층계)계	(아이)동	(끓일)탕	(은)은	(미리)예	(대신할)대	(아뢸)신	(세상)세	(말미암을)유
央	他	呼	両	死	羊	決	命	使	坂
(가운데)앙	(남)타	(부를)호	(두)량	(죽을)사	(양)양	(정할)결	(목숨)명	(부릴)사	(비탈)판

実	育	定	板	表	和	界	級	度	面
(열매)실	(기를)육	(정할)정	(널빤지)판	(겉)표	(화목할)화	(경계)계	(등급)급	(법)도	(낯)면
昭	洋	秒	倍	都	悪	筆	樣	調	整
(밝힐)소	(큰바다)양	(초)초	(배)배	(도읍)도	(나쁠)악	(붓)필	(모양)양	(고를)조	(가지런할)정

나의 실력
한자 총수: 200자
아는 한자: 자
모르는 한자: 자

총 440자 중   아는 한자 :   자
모르는 한자: 자

1학년이 배우는 한자

1학년에서는 80자를 배우게 돼요!!

이번 과에서 배울 한자

一 (한)일	二 (두)이	三 (석)삼	四 (넉)사	五 (다섯)오	六 (여섯)육
七 (일곱)칠	八 (여덟)팔	九 (아홉)구	十 (열)십	日 (해/날)일	月 (달)월
火 (불)화	水 (물)수	木 (나무)목	金 (쇠)금	土 (흙)토	

그림으로 익히기

일본 한자는 음독, 훈독에 따라 쓰임이 많이 달라지므로 단어와 예문으로 확실히 익혀 두세요.
획수와 필순, 부수 익히기는 기본!

一 (한)일
획수 : 1획
부수 : 一

いち／いっ　一年(いちねん) 일년　一本(いっぽん) 한 자루
一回(いっかい) 한 번
ひと／ひとつ　一(ひと)つ 한 개

一

・一(いち)からかぞえます。
　1부터 셉니다.

・一回(いっかい)しかやったことがありません。
　한 번밖에 한 적이 없습니다.

・それは一(ひと)ついくらですか。
　그것은 한 개 얼마입니까?

이 숫자와 요일

二 (두)이
획수 : 2획
부수 : 二

に　二本(にほん) 두 자루
ふた／ふたつ　二(ふた)つ 두 개　二日(ふつか) 2일

一 二

・そのボールペンを二本(にほん)ください。
　그 볼펜을 두 자루 주세요.

・アイスクリームを二(ふた)つも食(た)べました。
　아이스크림을 두 개나 먹었습니다.

三 (석)삼
획수 : 3획
부수 : 一

さん　三人(さんにん) 세 명, 세 사람　三本(さんぼん) 세 자루
み　三(みっ)つ 세 개　三日(みっか) 3일

一 二 三

・人(ひと)が三人(さんにん)います。
　사람이 세 명 있습니다.

・下(した)から三(みっ)つ目(め)です。
　아래에서 세 번째입니다.

★ 날짜를 말할 때 4일을 뜻하는 四日(よっか)는 8일을 뜻하는 八日(ようか)와 혼동하기 쉬우니 주의하세요.

16

四

(넉)사

획수 : 5획
부수 : 口

し 四季(しき) 사계

よん／よっつ／よつ 四(よっ)つ 네 개　四日(よっか) 4일

一 冂 冈 四 四

- 四季の中で秋が一番好きです。
  사계 중에서 가을이 가장 좋습니다.

- あめを四つ食べました。
  사탕을 네 개 먹었습니다.

五

(다섯)오

획수 : 4획
부수 : 二

ご 五人(ごにん) 다섯 사람

いつ／いつつ 五(いつ)つ 다섯 개　五日(いつか) 5일

一 丆 五 五

- 五つの星が、かがやいています。
  다섯 개의 별이 빛나고 있습니다.

- 子供の日は五月五日です。 어린이날은 5월 5일입니다.

六

(여섯)육

획수 : 4획
부수 : 八

ろく 六月(ろくがつ) 6월

むっつ／む／むつ／むい 六(むっ)つ 여섯 개

六日(むいか) 6일

丶 一 六 六

- 六時に夕ご飯を食べます。 6시에 저녁밥을 먹습니다.
- トマトを六つ買いました。 토마토를 여섯 개 샀습니다.

七

(일곱)칠

획수 : 2획
부수 : 一

しち 七時(しちじ) 일곱 시

なな／なの／ななつ 七(なな)つ 일곱 개　七日(なのか) 7일

一 七

- 毎晩、七時からジョギングをしています。
  매일 밤 7시부터 조깅을 하고 있습니다.

- 七つ、ください。 일곱 개 주세요.

八

(여덟)팔

획수 : 2획
부수 : 八

はち　八人(はちにん) 여덟 사람

や／やつ／やっつ／よう　八百屋(やおや) 야채장수, 야채 가게

八(やっ)つ 여덟 개　八日(ようか) 8일

ノ　八

・八から三を引くと五になります。
　8에서 3을 빼면 5가 됩니다.

・りんごが八つあります。 사과가 여덟 개 있습니다.

九

(아홉)구

획수 : 2획
부수 : 乙

きゅう／く　九番(きゅうばん) 아홉 번　九九(くく) 구구단

ここのつ　九(ここの)つ 아홉 개　九日(ここのか) 9일

ノ　九

・まもなく九時になります。
　이제 곧 9시가 됩니다.

・九つのりんごがあります。 아홉 개의 사과가 있습니다.

★ ここのつは 九つ
라고 씁니다. 九のつ라
고 쓰지 않도록 주의하
세요.

十

(열)십

획수 : 2획
부수 : 十

じゅう／じっ　十回(じゅっかい 또는 じっかい) 10 회

とお／と　十人十色(じゅうにんといろ) 각양각색

十日(とおか) 10일

一　十

・今、十時です。 지금 열 시입니다.

・今日は十日です。 오늘은 10일입니다.

日

(해 / 날)일

획수 : 4획
부수 : 日

にち／じつ　日常(にちじょう) 일상　平日(へいじつ) 평일

ひ／か　三十日(みそか) 그믐날　日(ひ) 날, 해

朝日(あさひ) 아침 해

|　冂　月　日

・日曜日に映画を見に行きます。
　일요일에 영화를 보러 갑니다.

・日々、寒くなります。 나날이 추워집니다.

★ 9월, 10월과 같이 달을 말할 때에는 ～月 (がつ)로 발음되는 점에 주의하세요.

月 (달)월

획수 : 4획
부수 : 月

丿 刀 月 月

| げつ | 月末(げつまつ) 월말　月給(げっきゅう) 월급 |
| つき | 月(つき) 달　月日(つきひ) 세월 |

・月末はいつもいそがしいです。 월말은 항상 바쁩니다.
・月が明るい夜です。 달이 밝은 밤입니다.

火 (불)화

획수 : 4획
부수 : 火

丶 丷 少 火

| か | 火事(かじ) 화재(불이 남) |
| ひ／び／ほ | 火(ひ) 불　焚(た)き火(び) 모닥불, 횃불 |

火影(ほかげ) 불빛

・火事を起しました。 불을 냈습니다.
・火の用心をしてください。 불조심을 해 주세요.

水 (물)수

획수 : 4획
부수 : 水

亅 爿 水 水

| すい | 海水浴(かいすいよく) 해수욕　水素(すいそ) 수소 |
| みず | 水(みず) 물　水虫(みずむし) 물벌레, 무좀 |

・水曜日は休みです。 수요일은 휴일입니다.
・犬が水を飲んでいます。 개가 물을 마시고 있습니다.

木 (나무)목

획수 : 4획
부수 : 木

一 十 才 木

| もく／ぼく | 樹木(じゅもく) 수목　大木(たいぼく) 거목 |
| き／こ | 木(き) 나무　木(こ)の葉(は) 나뭇잎 |

・樹木が生い茂っています。 수목이 우거져 있습니다.
・木の枝が折れました。 나뭇가지가 꺾어졌습니다.

18

金

(쇠)금
획수 : 8획
부수 : 金

| きん／ごん | 金額(きんがく) 금액　金色(きんいろ) 금빛 |
| 黄金(おうごん) 황금 |
| かね／かな | お金(かね) 돈　金物(かなもの) 철물 |
| 金持(かねも)ち 부자 |

ノ 入 入 仝
仝 仝 余 金

・金額が決まっています。 금액이 정해져 있습니다.
・あの人は金持ちです。 저 사람은 부자입니다.

★ 土(ど)는 土(し)와 모양이 유사하니 표기할 때 주의해서 연습하세요.

土

(흙)토
획수 : 3획
부수 : 土

| ど／と | 国土(こくど) 국토　土地(とち) 토지 |
| つち | 土(つち) 땅, 흙, 대지　土煙(つちけむり) 흙먼지 |

一 十 土

・国土の3分の2は山です。 국토의 3분의 2는 산입니다.
・土を掘ってください。 땅을 파 주세요.

★ 날짜 읽는 법

日曜日 にちようび	月曜日 げつようび	火曜日 かようび	水曜日 すいようび	木曜日 もくようび	金曜日 きんようび	土曜日 どようび
		1日 ついたち	2日 ふつか	3日 みっか	4日 よっか	5日 いつか
6日 むいか	7日 なのか	8日 ようか	9日 ここのか	10日 とおか	11日 じゅういちにち	12日 じゅうににち
13日 じゅうさんにち	14日 じゅうよっか	15日 じゅうごにち	16日 じゅうろくにち	17日 じゅうしちにち	18日 じゅうはちにち	19日 じゅうくにち
20日 はつか	21日 にじゅういちにち	22日 にじゅうににち	23日 にじゅうさんにち	24日 にじゅうよっか	25日 にじゅうごにち	26日 にじゅうろくにち
27日 にじゅうしちにち	28日 にじゅうはちにち	29日 にじゅうくにち	30日 さんじゅうにち	31日 さんじゅういちにち		何日 なんにち 며칠

이번 과에서 배울 한자

大 (큰)대   中 (가운데)중   小 (작을)소   白 (흰)백   赤 (붉을)적
青 (푸를)청   上 (윗)상   下 (아래)하   左 (왼쪽)좌   右 (오른쪽)우

그림으로 익히기

左 ひだり 왼쪽
右 みぎ 오른쪽
小さい ちい 작다
赤い あか 빨갛다
白い しろ 하얗다
上 うえ 위
真ん中 ま なか 한가운데
下 した 아래
青い あお 파랗다
大きい おお 크다

일본 한자는 음독, 훈독에 따라 쓰임이 많이 달라지므로 단어와 예문으로 확실히 익혀 두세요.
획수와 필순, 부수 익히기는 기본!

大 (큰)대

획수 : 3획
부수 : 大

だい/たい 大学(だいがく) 대학 大衆(たいしゅう) 대중
おお 大(おお)きい 크다

一 ナ 大

・大学(だいがく)に入(はい)りました。 대학에 들어갔습니다.
・もう少(すこ)し大(おお)きくしてください。 좀 더 크게 해 주세요.

中 (가운데)중

획수 : 4획
부수 : |

ちゅう 中学生(ちゅうがくせい) 중학생
中心(ちゅうしん) 중심
なか 中(なか) 가운데 真(ま)ん中(なか) 한가운데

| 冂 口 中

・彼(かれ)は中心的(ちゅうしんてき)な人(ひと)です。 그는 중심적인 사람입니다.
・この中(なか)にあります。 이 중에 있습니다.

小 (작을)소

획수 : 3획
부수 : 小

しょう 小心(しょうしん) 소심
ちいさい/こ/お 小(ちい)さい 작다 小切手(こぎって)
수표 小川(おがわ) 작은 시내

亅 小 小

・彼(かれ)は小心(しょうしん)な人(ひと)です。 그는 소심한 사람입니다.
・小切手(こぎって)は使(つか)いません。 수표는 사용하지 않습니다.

★ '작다'는 뜻인 小(しょう)와 '적다'는 뜻인 少(しょう)는 글자 모양도 유사하지만 音読(おんよ)み도 같으므로 주의하세요.

白

(흰 / 아뢸)백

획수 : 5획
부수 : 白

丿 亻 白 白 白

はく／びゃく 白紙(はくし) 백지 告白(こくはく) 고백

自白(じはく) 자백 白夜(びゃくや) 백야

しろ／しら 白(しろ)い 희다 白糸(しらいと) 흰 실

- 白紙に戻しました。 백지로 되돌렸습니다.
- 白い花が咲いています。 흰 꽃이 피어 있습니다.

赤

(붉을)적

획수 : 7획
부수 : 赤

一 十 土 ナ 方 赤 赤

せき／しゃく 赤飯(せきはん) 팥밥 赤十字(せきじゅうじ) 적십자 赤道(せきどう) 적도 赤銅(しゃくどう) 적동

あかい／あからむ／あからめる 赤(あか)い 빨갛다

- 正月には赤飯を食べます。 정월에는 팥밥을 먹습니다.
- 赤い色が好きです。 빨간색을 좋아합니다.

青

(푸를)청

획수 : 8획
부수 : 青

一 十 キ 主 丰 青 青 青

せい／しょう 青春(せいしゅん) 청춘

青年(せいねん) 청년 群青(ぐんじょう) 군청색

あお／あおい 青空(あおぞら) 푸른 하늘

青色(あおいろ) 푸른색

- 青春は美しいです。 청춘은 아름답습니다.
- 空は青色です。 하늘은 푸른색입니다.

上

(윗)상

획수 : 3획
부수 : 一

丨 十 上

じょう 頂上(ちょうじょう) 정상 最上(さいじょう) 최상

うえ／うわ／かみ／あがる／のぼる 身(み)の上(うえ)

신상, 처지 上着(うわぎ) 상의, 윗도리 川上(かわかみ) 강의 상류

上(あ)がる 오르다, 올라가다 上(のぼ)る 오르다

- 山の頂上に立っています。 산 정상에 서 있습니다.
- 眼鏡はテーブルの上にあります。
  안경은 테이블 위에 있습니다.

下

(아래)하

획수 : 3획
부수 : 一

か／げ　下流(かりゅう) 하류　上下(じょうげ) 상하

下車(げしゃ) 하차

した／しも／さげる／くだる／おりる　下心(したごころ)

속마음　木(き)の下(した) 나무 아래　下期(しもき) 하반기

下(さ)げる 낮추다, 떨어뜨리다　下(くだ)る 내려가다

下(お)りる 내리다, 내려오다

一　丁　下

- 下流の水は汚れています。 하류의 물은 더럽혀져 있습니다.
- 木の下で遊んでいます。 나무 아래에서 놀고 있습니다.

★ 音読(おんよ)み로 읽을 때 한국어의 '좌'와 혼동해 탁음으로 발음하지 않도록 주의하세요.

左

(왼쪽)좌

획수 : 5획
부수 : エ

さ　左折(させつ) 좌회전　左腕(さわん) 좌완(투수)

ひだり　左手(ひだりて) 왼손

一　ナ　ナ　ナ　左

- あそこで左折してください。 저기에서 좌회전해 주세요.
- 左手を挙げてください。 왼손을 들어 주세요.

右

(오른쪽)우

획수 : 5획
부수 : 口

う／ゆう　右折(うせつ) 우회전　左右(さゆう) 좌우

みぎ　右(みぎ) 오른쪽

ノ　ナ　オ　右　右

- 一生を左右します。 일생을 좌우합니다.
- 右の方を見てください。 오른쪽을 보세요.

이번 과에서 배울 한자

円 (둥글)원   玉 (구슬)옥   百 (일백)백   千 (일천)천

그림으로 익히기

せんえん
千円 천 엔

ひゃくえんだま
百円玉 100엔 동전

한자 익히기

일본 한자는 음독, 훈독에 따라 쓰임이 많이 달라지므로 단어와 예문으로 확실히 익혀 두세요.
획수와 필순, 부수 익히기는 기본!

★ 円은 일본의 화폐
단위로 더 유명한 한자
입니다. 이 때는 円(え
ん)으로 읽히지요.

円
(둥글)원
획수 : 4획
부수 : 冂

えん	円高(えんだか) 엔 강세　円満(えんまん) 원만
	円安(えんやす) 엔 약세　円相場(えんそうば) 엔 시세
まるい	円(まる)い 둥글다

丨 冂 冃 円

_{えんそう ば} _{おし}
・円相場を教えてください。 엔 시세를 가르쳐 주세요.
_{じんせい} _{まる} _い
・人生を円く生きてください。 인생을 둥글게 사세요.

玉
(구슬)옥
획수 : 5획
부수 : 玉

ぎょく	玉座(ぎょくざ) 옥좌　玉体(ぎょくたい) 옥체
	玉石(ぎょくせき) 옥석
たま	玉(たま) 옥, 구슬, 방울　玉算(たまざん) 주산

一 二 干 王 玉

_{おうさま} _{ぎょくたい}
・王様の玉体。 임금님의 옥체.
_{ねこ} _{たま}
・猫が玉であそんでいます。
고양이가 구슬로 놀고 있습니다 .

百
(일백)백
획수 : 6획
부수 : 白

ひゃく	百年(ひゃくねん) 백년　百姓(ひゃくせい) 백성
もも	百千(ももち) 백천(수가 많음)　百日(ももか) 백일

一 一 一 万 百 百

_{ひゃくねん} _い
・百年も生きています。 백년이나 살고 있습니다.
_{あか} _{もも か} _{いわ}
・赤ちゃんの百日の祝いをしてあげます。
아기의 백일 잔치를 해 줍니다.

千 (일천)천

획수 : 3획
부수 : 十

ノ 二 千

せん　千里(せんり) 천리

千差万別(せんさばんべつ) 천차만별

ち　千草(ちぐさ) 갖가지 풀　千歳(ちとせ) 천년, 영원

・やり方は千差万別です。 방법은 천차만별입니다.

・松の木は千歳の緑を保ちます。
소나무는 천년의 푸르름을 간직합니다.

★부수 이름 알기 ①

1획

부수	이름	일본이름
一	한일	いち
｜	뚫을곤	たてぼう
丶	점주	てん
ノ	삐침	はらいぼう
乙	새을	おつにょう
亅	갈고리궐	はねぼう

2획

한자	이름	일본이름
二	두이	に
亠	돼지해머리	なべぶた
人(亻)	사람인	にんべん
儿	어진사람인발	にんにょう
入	들입	いりがしら
ハ	여덟팔	はちがしら
冂	멀경몸	まきがまえ
冖	민갓머리	わかんむり
冫	이수변	にすい
几	안석궤	きにょう
凵	위튼입구	かんにょう
刀(刂)	칼도	かたな
力	힘력	ちから
勹	쌀포몸	つつみがまえ
匕	비수비	ひ
匸	터진입구몸	かくしがまえ
十	열십	じゅう
卩	병부절방	ふしづくり
厂	민엄호밑	がんだれ
厶	마늘모	む
又	또우	また

이번 과에서 배울 한자

森 (숲)삼   林 (수풀)림   山 (뫼)산   川 (내)천   天 (하늘)천
石 (돌)석   空 (빌)공   気 (기운)기   雨 (비)우   夕 (저녁)석

그림으로 익히기

일본 한자는 음독, 훈독에 따라 쓰임이 많이 달라지므로 단어와 예문으로 확실히 익혀 두세요.
획수와 필순, 부수 익히기는 기본!

森 (숲)삼
획수 : 12획
부수 : 木

しん	森林(しんりん) 삼림
もり	森(もり) 숲, 수풀

一 十 才 木 木 木
森 森 森 森 森 森

・ここは森林公園です。 여기는 삼림공원입니다.
　しんりんこうえん

・森の中は木が生い茂っています。
　もり　なか　き　お　しげ
　수풀 속에는 나무가 우거져 있습니다.

林 (수풀)림
획수 : 8획
부수 : 木

りん	密林(みつりん) 밀림　林野(りんや) 임야
はやし	松林(まつばやし) 소나무숲

一 十 才 オ 才 材 材 林

・トラは密林の中にいます。 호랑이는 밀림 속에 있습니다.
　みつりん　なか

・林野の値が上がりました。 임야 값이 올랐습니다.
　りんや　ね　あ

山 (뫼)산
획수 : 3획
부수 : 山

さん	山地(さんち) 산지　富士山(ふじさん) 후지산
やま	山(やま) 산　山彦(やまびこ) 메아리

山火事(やまかじ) 산불

丨 山 山

・富士山の高さは3,776 メートルです。
　ふ　じ　さん　たか
　후지산의 높이는 3,776미터입니다.

・山を越えて行きます。 산을 넘어서 갑니다.
　やま　こ　い

★ 川(かわ)는 '작은 하천'을 나타내고 河(かわ)는 '큰 강'을 나타냅니다.

川 (내)천

획수 : 3획
부수 : 川

ノ リ 川

| せん | 河川(かせん) 하천　山川(さんせん) 산천 |
| かわ | 川(かわ) 강　川下(かわしも) 강의 하류 |

- 河川の水質を調べます。
  하천의 수질을 조사합니다.

- 子供たちが川で水遊びをしています。
  아이들이 강에서 물놀이를 하고 있습니다.

天 (하늘)천

획수 : 4획
부수 : 大

一 二 チ 天

| てん | 天才(てんさい) 천재　天災(てんさい) 천재(자연재해) |
| あま | 天(あま)の川(がわ) 은하수 |

- あの人は天才です。 저 사람은 천재입니다.

- 美しい天の川が見えます。 아름다운 은하수가 보입니다.

石 (돌)석

획수 : 5획
부수 : 石

一 ア オ 石 石

| せき／しゃく／こく | 石油(せきゆ) 석유 |

磁石(じしゃく) 자석　石高(こくだか) 곡식의 수확량

| いし | 石工(いしく) 석공　石橋(いしばし) 돌다리 |

- いつかは石油がなくなる時が来るでしょう。
  언젠가는 석유가 없어지는 때가 오겠지요.

- 石橋を叩いて渡る。 돌다리도 두드리고 건넌다.

空 (빌)공

획수 : 8획
부수 : 穴

丶 丷 宀 宀 空 空 空 空

| くう | 空気(くうき) 공기　空中(くうちゅう) 공중 |

空港(くうこう) 공항

| そら／あく／あける／から | 空(そら) 하늘　空(あ)く 비다 |

空(あ)ける 비우다

- 空気がさわやかになりました。 공기가 상쾌해졌습니다.

- 青い空です。 파란 하늘입니다.

30

気

(기운)기

획수 : 6획
부수 : 気

き／け 気温(きおん) 기온 電気(でんき) 전기

人気(にんき) 인기 気象(きしょう) 기상

気配(けはい) 기척, 기색

気 気 気 气 气 気

・電気をつけてください。 전기를 켜 주세요.

・人の気配がします。 인기척이 납니다.

★ 이 발음들 외에 특이하게 읽는 경우로 梅雨(つゆ)라는 단어가 있습니다. '장마'라는 뜻이죠.

雨

(비)우

획수 : 8획
부수 : 雨

う 雨量(うりょう) 우량

あめ／あま 大雨(おおあめ) 큰비, 폭우

雨宿(あまやど)り 비를 피함

雨 雨 雨 雨 雨 雨 雨 雨

・雨量が多いです。 우량이 많습니다.

・雨が降っています。 비가 내리고 있습니다.

夕

(저녁)석

획수 : 3획
부수 : 夕

せき 一朝一夕(いっちょういっせき) 일조일석

ゆう 夕焼(ゆうや)け 석양 夕方(ゆうがた) 해질녘, 저녁때

ノ ク 夕

・一朝一夕では、すぐに結果は出ません。

　일조일석(짧은 시일)으로는 금방 결과가 나오지 않습니다.

・夕方五時に会いましょう。

　저녁 5시에 만나죠.

이번 과에서 배울 한자

犬 (개)견   虫 (벌레)충   貝 (조개)패   竹 (대)죽   花 (꽃)화   草 (풀)초

그림으로 익히기

한자 익히기

일본 한자는 음독, 훈독에 따라 쓰임이 많이 달라지므로 단어와 예문으로 확실히 익혀 두세요.
획수와 필순, 부수 익히기는 기본!

犬 (개)견
획수 : 4획
부수 : 犬

| けん | 名犬(めいけん) 명견　駄犬(だけん) 똥개 |
| いぬ | 犬(いぬ) 개　子犬(こいぬ) 강아지 |

一 ナ 大 犬

・世界(せかい)にはたくさんの名犬(めいけん)がいます。
　세계에는 많은 명견이 있습니다.

・子犬(こいぬ)がほえています。 강아지가 짖고 있습니다.

虫 (벌레)충
획수 : 6획
부수 : 虫

ちゅう	昆虫(こんちゅう) 곤충
	寄生虫(きせいちゅう) 기생충
むし	虫(むし) 벌레　虫眼鏡(むしめがね) 돋보기

丨 ⼝ ⼝ 中 虫 虫

・色々(いろいろ)な昆虫(こんちゅう)がいます。 여러 가지 곤충이 있습니다.

・虫眼鏡(むしめがね)で本(ほん)を読(よ)みます。 돋보기로 책을 읽습니다.

貝 (조개)패
획수 : 7획
부수 : 貝

| かい | 貝(かい) 조개　貝殻(かいがら) 조개껍질 |

丨 冂 冂 月 目 貝 貝

・貝殻(かいがら)で飾(かざ)りました。 조개껍질로 장식했습니다.

★ 虫(むし)는 無視(むし)와 음이 같지만 뜻은 완전히 다릅니다. 일본어에도 이런 단어들이 많으므로 유의해두세요.

竹

(대)죽
획수 : 6획
부수 : 竹

| ちく | 竹林(ちくりん) 죽림, 대나무숲　爆竹(ばくちく) 폭죽 |
| たけ | 竹(たけ) 대나무　竹細工(たけざいく) 죽세공 |

竹(たけ)の子(こ) 죽순

ノ ／ 竹 竹 竹 竹

・みんなで爆竹遊びをしました。 다함께 폭죽놀이를 했습니다.
  ばくちくあそ
・竹の子は体にいいです。 죽순은 사람에게 좋습니다.
  たけ こ からだ

花

(꽃)화
획수 : 7획
부수 : 艹

| か | 花瓶(かびん) 꽃병 |
| はな | 花(はな) 꽃　花嫁(はなよめ) 신부 |

生(い)け花(ばな) 꽃꽂이

一 十 サ ザ 花 花 花

・花瓶に水を入れてください。 꽃병에 물을 넣어 주세요.
  か びん みず い
・さくらの花がきれいです。 벚꽃이 예쁩니다.
  はな

草

(풀)초
획수 : 9획
부수 : 艹

| そう | 草原(そうげん) 초원　草書(そうしょ) 초서 |
| くさ | 草(くさ) 풀　草花(くさばな) 화초 |

一 十 サ ザ 芍 芑
苩 苜 草

・モンゴルは草原が多い国です。
  そうげん おお くに
  몽골은 초원이 많은 나라입니다.
・草を刈ってください。 풀을 깎아 주세요.
  くさ か

★부수 이름 알기 ②

3획	부수	이름	일본이름
	口	입구	くちべん
	囗	큰입구몸	くにがまえ
	土	흙토	つちべん
	士	선비사	さむらい
	夂	천천히걸을쇠발	すいにょう
	夕	저녁석	ゆうべ
	大	큰대	だい
	女	계집녀	おんなへん
	子	아들자	こへん
	宀	갓머리	うかんむり
	寸	마디촌	すん
	小	작을소	しょう
	尢	절름발이왕	だいのまげあし
	尸	주검시밑	しかばね
	山	뫼산	やまへん
	川(巛)	내천	かわ
	工	장인공	たくみへん
	己	몸기	おのれ
	巾	수건건	はばへん
	干	방패간	かん
	幺	작을요	いとがしら
	广	엄호밑	まだれ
	廴	민책받침	えんにょう

이번 과에서 배울 한자

耳 (귀)이   目 (눈)목   手 (손)수   足 (발)족   口 (입)구

出 (날)출   入 (들)입   立 (설)립   休 (쉴)휴   見 (볼)견

그림으로 익히기

目で見ている 눈으로 보고 있다

目 눈

耳 귀

口 입

手 손

出入り口 출입구

立っている 서 있다

休んでいる 쉬고 있다

足 다리

한자 익히기

일본 한자는 음독, 훈독에 따라 쓰임이 많이 달라지므로 단어와 예문으로 확실히 익혀 두세요.
획수와 필순, 부수 익히기는 기본!

耳 (귀)이
획수 : 6획
부수 : 耳

| じ | 耳目(じもく) 이목, 견문 |
| みみ | 耳(みみ) 귀 耳飾(みみかざ)り 귀걸이 |

一 丁 厂 FT 耳耳 耳

- 耳目を広めます。 견문을 넓힙니다.
- 耳が遠いです。 귀가 어둡습니다.

目 (눈)목
획수 : 5획
부수 : 目

| もく／ぼく | 目標(もくひょう) 목표 |

面目(めんもく／めんぼく) 면목 題目(だいもく) 제목

| め／ま | 目上(めうえ) 연장자 目玉(めだま) 눈알 |

目映(まばゆ)い 눈부시다

一 门 门 月 目

- 目標を立ててください。 목표를 세워 주세요.
- 目が悪くなりました。 눈이 나빠졌습니다.

手 (손)수
획수 : 4획
부수 : 手

| しゅ | 手記(しゅき) 수기 拍手(はくしゅ) 박수 |
| て | 手(て) 손 手帳(てちょう) 수첩 手袋(てぶくろ) 장갑 |

一 二 三 手

- 留学生活の手記を書きます。 유학생활의 수기를 씁니다.
- 手を降ろしてください。 손을 내려 주세요.

足

(발)족

획수 : 7획
부수 : 足

そく 不足(ふそく) 부족   満足(まんぞく) 만족

あし／たりる／たす 足下(あしもと) 발밑

足(た)りる 족하다   足(た)す 더하다

`丶 口 口 ワ 묘 足 足`

- これで満足です。 이것으로 만족합니다.
- 足が痛いです。 발이 아픕니다.

口

(입)구

획수 : 3획
부수 : 口

こう／く 口頭(こうとう) 구두   口述(こうじゅつ) 구술

口調(くちょう) 어조

くち 入口(いりぐち) 입구   口止(くちど)め 입막음

`丶 口 口`

- 口頭試験があります。 구두시험이 있습니다.
- 口を開けています。 입을 벌리고 있습니다.

出

(날)출

획수 : 5획
부수 : 凵

しゅつ／すい 出発(しゅっぱつ) 출발

輸出(ゆしゅつ) 수출   出納(すいとう) 출납

でる／だす 出(で)る 나가다   出(だ)す 내다, 제출하다

`丨 屮 屮 出 出`

- 今、出発します。 지금 출발합니다.
- お金を出してください。 돈을 내 주세요.

38

入

(들)입

획수 : 2획
부수 : 入

にゅう 入学(にゅうがく) 입학   入院(にゅういん) 입원

入室(にゅうしつ) 입실

いれる／いる／はいる 入(い)れる 넣다   入(はい)る 들어가다

`丿 入`

- 今年、入学しました。 금년에 입학했습니다.
- 手を入れてください。 손을 넣어 주세요.

★ 入(にゅう)는 人(ひと)와 글자모양이 비슷하므로 쓰는 법에 주의하여 익혀두세요.

★ 建立의 읽기
こんりゅう라고 읽으
면 사찰이나 절을 짓는
것을 말하고 けんりつ
라고 하면 일반적인 건
물을 짓는 것을 말한다.

立

(설)립

획수 : 5획
부수 : 立

りつ／りゅう 設立(せつりつ) 설립　立体(りったい) 입체
立春(りっしゅん) 입춘　建立(こんりゅう／けんりつ) 건립
たつ／たてる 立(た)つ 서다　立(た)てる 세우다

丶 二 亠 士 立

・大学を設立する。대학을 설립하다.
・人が立っています。사람이 서 있습니다.

休

(쉴)휴

획수 : 6획
부수 : 亻

きゅう 休日(きゅうじつ) 휴일　休暇(きゅうか) 휴가
やすむ 休(やす)む 쉬다

ノ 亻 仁 什 休 休

・明日は休日です。내일은 휴일입니다.
・ゆっくり休んでください。천천히 쉬세요.

見

(볼)견

획수 : 7획
부수 : 見

けん 発見(はっけん) 발견　見学(けんがく) 견학
見聞(けんぶん) 견문
みる／みえる／みせる 見(み)る 보다　見(み)える 보이다
見(み)せる (남에게) 보이다

丨 冂 冂 目 目 貝 見

・東京へ見学に行きます。도쿄에 견학을 갑니다.
・映画を見ています。영화를 보고 있습니다.

이번 과에서 배울 한자

男 (사내)남   女 (계집)녀   人 (사람)인   名 (이름)명   王 (임금)왕
子 (아들)자   田 (밭)전   町 (밭두둑)정   村 (마을)촌

그림으로 익히기

まち　むら
町と村   시내와 촌

た
田んぼ   논

だんじょ
男女   남녀

な まえ
名前   이름

おう じ
王子   왕자

ひとびと
人々   사람들

일본 한자는 음독, 훈독에 따라 쓰임이 많이 달라지므로 단어와 예문으로 확실히 익혀 두세요.
획수와 필순, 부수 익히기는 기본!

男 (사내)남
획수 : 7획
부수 : 田

| だん／なん | 男性(だんせい) 남성　長男(ちょうなん) 장남 |
| おとこ | 男(おとこ) 남자 |

丨 冂 冂 田 田 男 男

- 女性より男性の力が強いです。
  여성보다 남성의 힘이 강합니다.
- 男の人生は辛いです。 남자의 인생은 괴롭습니다.

女 (계집)녀
획수 : 3획
부수 : 女

じょ／にょ／にょう	長女(ちょうじょ) 장녀
	男女(だんじょ／なんにょ) 남녀　女房(にょうぼう) 집사람
おんな／め	女(おんな) 여자　女(おんな)の子(こ) 여자 아이
	女神(めがみ) 여신

く 夂 女

- 彼女は長女です。 그녀는 장녀입니다.
- 男の人より女の人が多いです。 남자보다 여자가 많습니다.

人 (사람)인
획수 : 2획
부수 : 人

じん／にん	人生(じんせい) 인생　成人(せいじん) 성인
	人情(にんじょう) 인정
ひと	人(ひと) 사람　人柄(ひとがら) 인품, 사람됨

丿 人

- 人生は色々です。 인생은 가지각색입니다.
- あの人はいい人です。 저 사람은 좋은 사람입니다.

名

(이름)명

획수 : 6획
부수 : 口

ノ ク タ タ 名 名

めい／みょう　氏名(しめい) 성명　名誉(めいよ) 명예
著名(ちょめい) 저명　名字(みょうじ) 성, 성씨

な　名前(なまえ) 이름

・氏名を書いてください。이름을 써 주세요.
・名前は何ですか。이름은 무엇입니까?

★ 보통 한자는 音読
(おんよ)み와 訓読(く
んよ)み의 두 가지 방
법으로 읽지만 王(お
う)와 같이 音読(おん
よ)み나 訓読(くんよ)
み 중 한 가지로만 읽
히는 한자도 있습니다.

王

(임금)왕

획수 : 4획
부수 : 王

一 丁 千 王

おう　王様(おうさま) 임금님　国王(こくおう) 국왕
王族(おうぞく) 왕족

・この国は王様の国です。이 나라는 임금님의 나라입니다.
・国王の息子を王子といいます。
국왕의 아들을 왕자라고 합니다.

子

(아들)자

획수 : 3획
부수 : 子

フ 了 子

し／す　子女(しじょ) 자녀　弟子(でし) 제자
様子(ようす) 모습, 모양

こ　息子(むすこ) 아들　子供(こども) 어린이

・小林は私の弟子です。고바야시는 내 제자입니다.
・子供の日は五月五日です。어린이날은 5월 5일입니다.

田

(밭)전

획수 : 5획
부수 : 田

丨 冂 冊 田 田

でん　塩田(えんでん) 염전　油田(ゆでん) 유전
た　田(た)んぼ 논　田中(たなか) 다나카(일본의 성)

・韓国には油田がありません。한국에는 유전이 없습니다.
・田中さんは日本人です。다나카 씨는 일본인입니다.

42

★ 町(まち)는 지역구분을 할 때에 많이 사용되는데 지역에 따라서 'まち'와 'ちょう'로 달리 읽습니다.

町

(밭두둑)정

획수 : 7획
부수 : 田

ちょう	町長(ちょうちょう) 읍장(동장)
	新宿町(しんじゅくちょう) 신주쿠 초
まち	街角(まちかど) 길모퉁이　町(まち) 도회

丨 冂 冂 田 田 町 町

・新宿町(しんじゅくちょう)はどこですか。 신주쿠 초는 어디입니까?

・とてもにぎやかな町(まち)です。 아주 번화한 시내입니다.

※ 町(ちょう) 일본에서 행정구역의 단위로 사용.
　　　　　　　우리나라의 '읍' 정도에 해당.

村

(마을)촌

획수 : 7획
부수 : 木

そん	村落(そんらく) 촌락　農村(のうそん) 농촌
	漁村(ぎょそん) 어촌
むら	村(むら) 마을　村人(むらびと) 마을사람

一 十 オ 木 杧 村 村

・農村(のうそん)には青年(せいねん)がいません。 농촌에는 청년이 없습니다.

・この村(むら)には人(ひと)がいません。 이 마을에는 사람이 없습니다.

1학년이 배우는 한자

08 학교 ①

이번 과에서 배울 한자

学 (배울)학　校 (학교)교　本 (근본)본　先 (먼저)선　生 (낳을 / 살)생

文 (글월)문　正 (바를)정　字 (글자)자　年(해 / 나이)년

그림으로 익히기

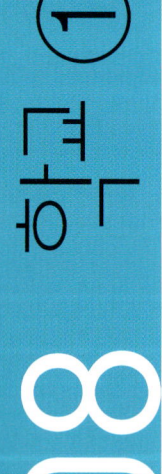

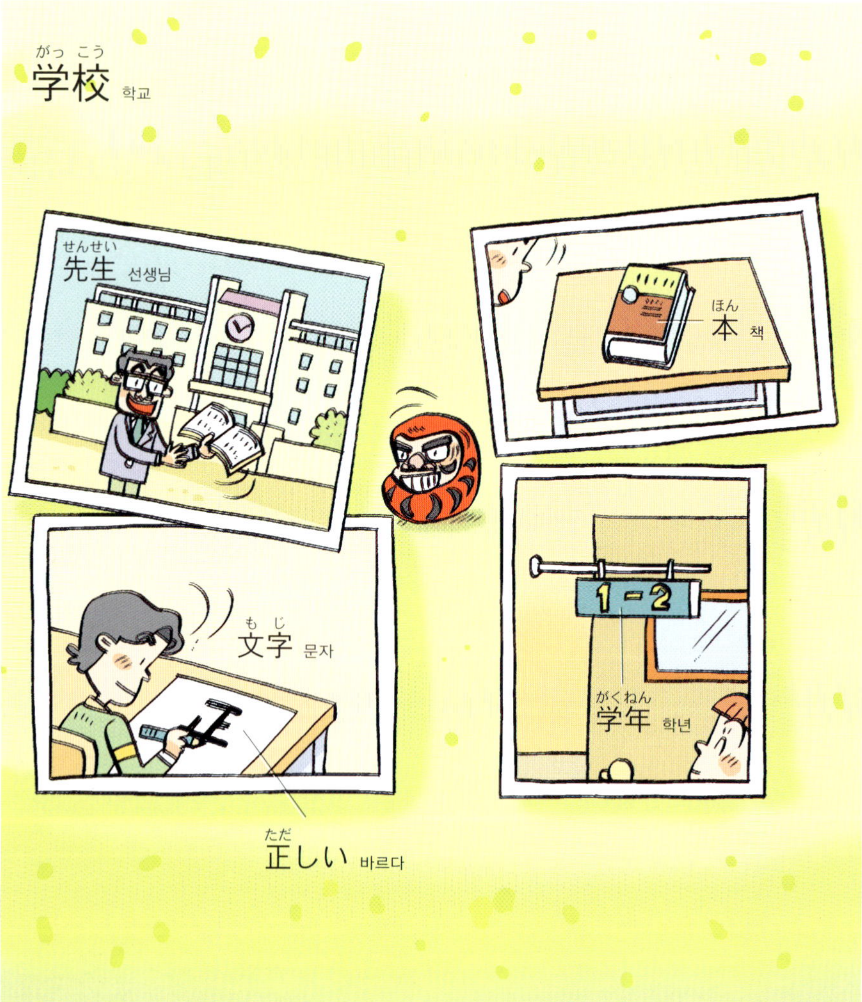

がっこう 学校 학교
せんせい 先生 선생님
ほん 本 책
もじ 文字 문자
がくねん 学年 학년
1-2
ただ 正しい 바르다

일본 한자는 음독, 훈독에 따라 쓰임이 많이 달라지므로 단어와 예문으로 확실히 익혀 두세요.
획수와 필순, 부수 익히기는 기본!

学 (배울)학
획수 : 8획
부수 : 子

がく 学生(がくせい) 학생　学割(がくわり) 학생 할인
大学(だいがく) 대학

まなぶ 学(まな)ぶ 배우다

学 学 学 学 学 学 学 学

・大学(だいがく)に通(かよ)っています。 대학에 다니고 있습니다.
・日本語(にほんご)を学(まな)びたいです。 일본어를 배우고 싶습니다.

校 (학교)교
획수 : 10획
부수 : 木

こう 学校(がっこう) 학교　転校(てんこう) 전학
校正(こうせい) 교정　母校(ぼこう) 모교

校 校 校 校 校 校 校 校 校 校

・彼(かれ)は学校(がっこう)の友達(ともだち)です。 그는 학교 친구입니다.
・母校(ぼこう)を訪問(ほうもん)しました。 모교를 방문했습니다.

本 (근본)본
획수 : 5획
부수 : 木

ほん 本棚(ほんだな) 책꽂이　本屋(ほんや) 책방, 서점
根本(こんぽん) 근본

もと 本木(もとき) 나무 밑동

一 十 才 木 本

・本屋(ほんや)へ行(い)って本(ほん)を買(か)います。
서점에 가서 책을 삽니다.

・根本(こんぽん)を正(ただ)しました。 근본을 바로 잡았습니다.

・本(もと)を正(ただ)さなければなりません。
근본을 바로잡지 않으면 안됩니다.

★ 한국에서는 책을 가리킬 때 本(ほん) 이외에 冊(책)이라는 한자도 사용합니다.

45

先

(먼저)선

획수 : 6획
부수 : 儿

せん 先頭(せんとう) 선두　先生(せんせい) 선생님
先輩(せんぱい) 선배

さき 先(さき)に 먼저, 지난번에　指先(ゆびさき) 손가락 끝

一 ケ 牛 生 失 先

・先頭に立ってください。 선두에 서 주세요.
・お先に失礼します。 먼저 실례하겠습니다.

生

(낳을 / 살)생

획수 : 5획
부수 : 生

せい／しょう 生徒(せいと) 생도　人生(じんせい) 인생
生涯(しょうがい) 생애

いきる／うまれる 生(い)きる 살다　生(う)まれる 태어나다

一 ケ 牛 生 生

・かがやかしい生涯でした。 빛나는 생애였습니다.
・明るい人生を生きてください。 밝은 인생을 살아 주세요.

★ 生(せい)는 訓読(く
んよ)み의 갯수가 매우
많은 한자입니다. いき
る／うまれる 외에도
いかす／いける／う
む／おう／はえる／
はやす／き／なま 등
이 있는데, 입문 단계
에서는 두 가지만 알아
둡시다.

46

文

(글월)문

획수 : 4획
부수 : 文

ぶん／もん 文房具(ぶんぼうぐ) 문방구
本文(ほんぶん) 본문　文句(もんく) 문구, 불만

ふみ 文(ふみ) 서한, 편지　恋文(こいぶみ) 연애 편지

` 一 ナ 文

・本文を読んでください。 본문을 읽어 주세요.
・文を送ります。 서한을 보내겠습니다.

正

(바를)정

획수 : 5획
부수 : 止

せい／しょう 正社員(せいしゃいん) 정사원
正門(せいもん) 정문　正面(しょうめん) 정면

ただしい／まさ 正(ただ)しい 올바르다
正(まさ)に 확실히, 실로

一 丁 下 正 正

・正社員になりました。 정사원이 되었습니다.
・正しい答えをえらんでください。 바른 답을 골라 주세요.

字

(글자)자

획수 : 6획
부수 : 子

じ 字幕(じまく) 자막　文字(もじ) 문자

習字(しゅうじ) 습자

あざ 大字(おおあざ) 말단 행정 구역

丶 丷 宀 宀 字 字

じまく　み
・字幕を見てください。 자막을 보세요.

もじ　よ
・文字が読めません。 글자를 읽지 못합니다.

あざ　ぎょうせい くかく　ようご
・字は行政区画の用語です。 '아자'는 행정구획 용어입니다.

年

(해 / 나이)년

획수 : 6획
부수 : 干

ねん 年末年始(ねんまつねんし) 연말연시

新年(しんねん) 신년

とし 年(とし) 해, 나이　毎年(まいとし) 매년

丿 一 ケ 午 仨 年

しんねん
・新年、おめでとうございます。 새해 복 많이 받으세요.

とし　と
・年を取りました。 나이를 먹었습니다.

그 밖의 한자 익히기

일본 한자는 음독, 훈독에 따라 쓰임이 많이 달라지므로 단어와 예문으로 확실히 익혀 두세요. 획수와 필순, 부수 익히기는 기본!

★ 力(ちから)는 '칼'이라는 뜻의 刀(かたな)와 글자가 비슷하므로 표기할 때 혼동되지 않도록 합시다.

力

(힘)력
획수 : 2획
부수 : 力

ノ カ

りょく／りき 努力(どりょく) 노력 人力(じんりょく) 인력 力説(りきせつ) 역설

ちから 力(ちから) 힘 力持(ちからも)ち 힘센 사람

- 努力(どりょく)してください。 노력해 주세요.
- 力(ちから)が足(た)りません。 힘이 부족합니다.

糸

(실)사
획수 : 6획
부수 : 糸

く 幺 幺 乡 糸 糸

し 絹糸(けんし) 견사

いと 糸(いと) 실 糸口(いとぐち) 실마리, 단서

- 絹糸(けんし)で作(つく)った服(ふく)です。 견사로 만든 옷입니다.
- 糸(いと)で結(むす)びます。 실로 묶습니다.

音

(소리)음
획수 : 9획
부수 : 音

丶 亠 亠 立 立
产 音 音 音

おん／いん 音楽(おんがく) 음악 福音(ふくいん) 복음

おと／ね 音(おと) 소리 音色(ねいろ) 음색

- 音楽(おんがく)が好(す)きです。 음악을 좋아합니다.
- 音(おと)を出(だ)してください。 소리를 내 주세요.

★ 早(はや)い와 速(はや)い는 '빠르다'는 의미도 같고 발음도 같지만 전자는 '시간'을 의미할 때, 후자는 '속도'를 의미할 때 쓰인다는 차이점이 있습니다.

早

(이를)조

획수 : 6획
부수 : 日

| そう／さっ | 早朝(そうちょう) 조조 早速(さっそく) 즉시 |
| はやい／はやまる／はやめる | 早(はや)い (시간이) 이르다 |

丨 冂 日 旦 旦 早

- 早速、うちへ帰りました。 즉시 집으로 돌아갔습니다.
  さっそく　　　　　　かえ
- 彼は朝早く起きます。 그는 아침 일찍 일어납니다.
  かれ　あさはや　お

車

(수레)차

획수 : 7획
부수 : 車

| しゃ | 自動車(じどうしゃ) 자동차 |
| くるま | 車(くるま) 자동차 車椅子(くるまいす) 휠체어 |

一 厂 戸 百 亘 車

- 自動車を買いました。 자동차를 샀습니다.
  じどうしゃ　か
- 車で会社へ行きます。 자동차로 회사에 갑니다.
  くるま　かいしゃ　い

일본의 성씨 50

일본의 성씨(姓氏)는 우리나라보다 훨씬 많고 종류가 다양합니다. 우리나라의 성씨가 약 3백 4십여 개인 데 반해 일본은 20만 개가 넘습니다. 또한 우리나라처럼 같은 성씨가 많지 않아서 성과 이름을 다 부르지 않고 성만 불러도 혼동이 올 일이 별로 없답니다.

Tip

★단, 한자가 같더라도 읽는 방법이 다르거나, 특이하게 읽는 경우가 있으므로 명함 등을 받았을 때는 어떻게 읽는지 본인에게 묻는 것이 좋습니다.

★가장 많은 성씨 TOP 10
1 佐藤(さとう)
2 鈴木(すずき)
3 高橋(たかはし)
4 田中(たなか)
5 渡辺(わたなべ)
6 伊藤(いとう)
7 山本(やまもと)
8 中村(なかむら)
9 小林(こばやし)
10 加藤(かとう)

★20 위권 내의 성씨
山田(やまだ)
吉田(よしだ)
佐々木(ささき)
井上(いのうえ)
木村(きむら)

清水(しみず)
松本(まつもと)
林(はやし)
山口(やまぐち)

★그 외의 성씨들
今井(いまい)
上野(うえの)
池田(いけだ)
石川(いしかわ)
内田(うちだ)
岡崎(おかざき)
岡本(おかもと)
江川(えがわ)
江藤(えとう)
小川(おがわ)
川原(かわはら)
北村(きたむら)

工藤(くどう)
甲野(こうの)
坂本(さかもと)
柴田(しばた)
武田(たけだ)
谷川(たにがわ)
中田(なかだ)
中山(なかやま)
西田(にしだ)
福田(ふくだ)
藤井(ふじい)
藤原(ふじわら)
本田(ほんだ)
前田(まえだ)
松下(まつした)
水野(みずの)
宮沢(みやざわ)
山村(やまむら)

2학년이 배우는 한자

2학년에서는 160자를
배우게 돼요!!

01 방향과 장소

이번 과에서 배울 한자

東 (동녘)동	西 (서녘)서	南 (남녘)남	北 (북녘)북	方 (모)방
角 (뿔)각	市 (저자)시	場 (마당)장	会 (만날)회	社 (모일)사
公 (공평할)공	園 (동산)원	寺 (절)사	交 (사귈 / 섞일)교	

그림으로 익히기

きた
北 북

てら
寺 절

ひがし
東 동

にし
西 서

こうえん
公園 공원

いちば
市場 시장

こうさてん
交差点 교차로

かいしゃ
会社 회사

みなみ
南 남

ほうがく
方角 방향

일본 한자는 음독, 훈독에 따라 쓰임이 많이 달라지므로 단어와 예문으로 확실히 익혀 두세요.
획수와 필순, 부수 익히기는 기본!

★ 東(ひがし)는 인명에서 東(あずま)라는 독특한 발음으로도 사용됩니다.

東 (동녘)동
획수 : 8획
부수 : 木

| とう | 東京(とうきょう) 도쿄 |
| ひがし | 東側(ひがしがわ) 동쪽 |

一 一 亓 百 亩 車 東 東

・明日、東京へ行きます。 내일 도쿄에 갑니다.
 (あした、とうきょう、い)

・出入口は東の方にあります。 출입구는 동쪽에 있습니다.
 (でいりぐち、ひがし、ほう)

西 (서녘)서
획수 : 6획
부수 : 西

せい／さい	西欧(せいおう) 서구
	西洋人(せいようじん) 서양인　東西(とうざい) 동서
にし	西側(にしがわ) 서쪽

西 一 一 丙 丙 西

・西洋人は背が高いです。 서양인은 키가 큽니다.
 (せいようじん、せ、たか)

・西の方に日が暮れます。 서쪽으로 해가 집니다.
 (にし、ほう、ひ、く)

53

南 (남녘)남
획수 : 9획
부수 : 十

なん／な	東南(とうなん) 동남
	南国(なんごく) 남국, 남쪽 나라
みなみ	南向(みなみむ)き 남향

南 一 十 古 古 内 内 南 南 南

・ベトナムは東南アジアの国です。
 (とうなん、くに)
 베트남은 동남아시아의 나라입니다.

・南の方は日当たりがいいです。 남쪽은 햇볕이 잘 듭니다.
 (みなみ、ほう、ひあ)

北

(북녘)북

획수 : 5획
부수 : 匕

一 ｜ ㅓ ㅓ 北 北

ほく 東北(とうほく) 동북　北東(ほくとう) 북동
北極(ほっきょく) 북극

きた 北半球(きたはんきゅう) 북반구

・東北地方は雨が降っています。
동북지방은 비가 내리고 있습니다.

・出口は北側にあります。 출구는 북쪽에 있습니다.

★ 北方領土(ほっぽうりょうど)와 같이 앞에 촉음이 오는 경우 반탁음으로 바뀌는 현상이 있습니다. 또한 方(かた)는 어깨란 의미의 肩(かた)와 음이 같으니 주의하세요.

方

(모)방

획수 : 4획
부수 : 方

丶 一 亍 方

ほう 方針(ほうしん) 방침　方向(ほうこう) 방향
方位(ほうい) 방위　地方(ちほう) 지방

かた 方(かた) 분　話(はな)し方(かた) 말투, 말하는 방법

・方向を決めてください。 방향을 정해 주세요.

・あの方が日本語の先生です。 저 분이 일본어 선생님입니다.

角

(뿔)각

획수 : 7획
부수 : 角

ʼ ʼʼ ʼʼʼ 角 角 角 角

かく 角度(かくど) 각도　四角形(しかくけい) 사각형

かど／つの 角(かど) 모퉁이, 모서리　四(よ)つ角(かど) 네 모퉁이, 네거리　角笛(つのぶえ) 뿔피리

・角度を取ってください。 각도를 잡아 주세요.

・角を曲がってください。 모퉁이를 돌아 주세요.

・子牛に角が生えてきました。 송아지에 뿔이 돋아났습니다.

★ '시장'을 이야기할 때 市場(いちば)와 市場(しじょう) 두 가지 경우가 있는데, 市場(いちば)는 재래시장과 같은 일반시장을, 市場(しじょう)는 주식시장을 나타냅니다.

市

(저자)시

획수 : 5획
부수 : 巾

丶 一 宀 亩 市

し 市内(しない) 시내　市立(しりつ) 시립　都市(とし) 도시

いち 市場(いちば) 시장

・市内バスに乗って学校へ行きます。
시내 버스를 타고 학교에 갑니다.

・市場の品物は安いです。 시장 물건은 쌉니다.

場

(마당)장

획수 : 12획
부수 : 土

じょう	運動場(うんどうじょう) 운동장
	工場(こうじょう) 공장　場外(じょうがい) 장외
ば	場所(ばしょ) 장소

一 十 土 圹 圹 圹
圹 圹 坍 堺 場 場

・子供たちが運動場で遊んでいます。
아이들이 운동장에서 놀고 있습니다.

・ここは場所が狭いです。 여기는 장소가 좁습니다.

会

(만날)회

획수 : 6획
부수 : 人

かい／え	会議(かいぎ) 회의　面会(めんかい) 면회
	会得(えとく) 터득
あう	会(あ)う 만나다

ノ 人 ム 今 会 会

・会議に遅れました。 회의에 늦었습니다.

・友達に会います。 친구를 만납니다.

社

(모일)사

획수 : 7획
부수 : 礻

しゃ	社会人(しゃかいじん) 사회인　会社(かいしゃ) 회사
	社員(しゃいん) 사원　本社(ほんしゃ) 본사
やしろ	社(やしろ) 신을 모신 건물, 신사

亠 ラ ネ ネ ネ 社 社

・大学を卒業して社会人になりました。
대학을 졸업하고 사회인이 되었습니다.

・社は神を祭る場所です。 신사는 신을 받드는 장소입니다.

公

(공평할)공

획수 : 4획
부수 : 八

こう	公園(こうえん) 공원　公演(こうえん) 공연
	公共(こうきょう) 공공　公式(こうしき) 공식
おおやけ	公(おおやけ) 국가, 관청, 공공, 공공연, 공식적

ノ 八 公 公

・公園で散歩をしています。 공원에서 산책을 하고 있습니다.

・「公」の意味は隠さないで見せることです。
'공'의 의미는 숨기지 않고 드러내는 것입니다.

園

(동산)원

획수 : 13획
부수 : 口

えん 動物園(どうぶつえん) 동물원

幼稚園(ようちえん) 유치원

その 花園(はなぞの) 화원

一 冂 冂 門 門 閂 閂
周 周 周 園 園 園 園

・猿を見に動物園に行きました。
원숭이를 보러 동물원에 갔습니다.

・花園で写真をとりました。 화원에서 사진을 찍었습니다.

寺

(절)사

획수 : 6획
부수 : 寸

じ 寺院(じいん) 사원

てら 寺(てら) 절 山寺(やまでら) 산사

一 十 土 出 寺 寺

・韓国にもイスラム寺院があります。
한국에도 이슬람 사원이 있습니다.

・山の中に寺があります。 산 속에 절이 있습니다.

56

交

(사귈 /
섞일)교

획수 : 6획
부수 : 亠

こう 交流(こうりゅう) 교류 交通(こうつう) 교통

外交(がいこう) 외교 交友(こうゆう) 교우

まじわる／まじえる／まじる／まざる／まぜる／かう／かわす

交(まじ)わる 사귀다 交(まざ)る 섞이다 交(かわ)す (인사를) 나누다

一 亠 广 六 交 交

・日本との文化交流が進んでいます。
일본과의 문화 교류가 진행되고 있습니다.

・悪い友達と交じわる。 나쁜 친구와 사귀다.

・お互いにあいさつを交します。 서로 인사를 나눕니다.

★부수 이름 알기 ③

3획	부수	이름	일본이름
	廾	밑스물입	にじゅうあし
	弋	주살익	しきがまえ
	弓	활궁	ゆみへん
	彡	터럭삼	さんづくり
	彳	두인변	ぎょうにんべん
	艹	초두머리	くさかんむり
	辶	책받침	しんにょう
	阝	우부방	おおざと
	阝	좌부변	こざとへん

4획	부수	이름	일본이름
	心(忄)	마음심	したごころ
	戈	창과	ほこづくり
	戸	지게호	とだれ
	手(扌)	손수	てへん
	支	지탱할지	えだにょう
	攵	칠복	ぼくにょう
	文	글월문	ぶんにょう
	斗	말두	とます
	斤	날근	おのづくり
	方	모방	かたへん
	日	날일	ひへん
	曰	가로왈	ひらび
	月	달월	つきへん
	木	나무목	きへん
	欠	하품흠방	あくび

이번 과에서 배울 한자

每 (매양)매   週 (주일)주   朝 (아침)조   昼 (낮)주   夜 (밤)야
時 (때)시   曜 (빛날)요   半 (절반)반

그림으로 익히기

한자 익히기

일본 한자는 음독, 훈독에 따라 쓰임이 많이 달라지므로 단어와 예문으로 확실히 익혀 두세요.
획수와 필순, 부수 익히기는 기본!

★ 每(ごと)라고 표기하는 경우는 '〜마다'라는 뜻의 접미사가 됩니다. '〜每(ごと)に'의 형태로 활용됩니다.

每 (매양)매
획수 : 6획
부수 : 毋

每每毎每每每

| **まい** | 每朝(まいあさ) 매일 아침　每月(まいげつ) 매월 |
| | 每日(まいにち) 매일　每年(まいねん) 매년 |

- まいあさ
- 每朝、ジョギングをしています。
  매일 아침 조깅을 하고 있습니다.

週 (주일)주
획수 : 11획
부수 : 辶

月月月月周周
周周週週週

| **しゅう** | 今週(こんしゅう) 이번 주　週末(しゅうまつ) 주말 |
| | 来週(らいしゅう) 다음 주 |

- しゅうまつ　やまのぼ
- 週末、山登りをします。 주말에 등산을 합니다.

朝 (아침)조
획수 : 12획
부수 : 月

一十十古古古直
卓剌朝朝朝

| **ちょう** | 朝食(ちょうしょく) 조식　朝礼(ちょうれい) 조례 |
| **あさ** | 朝日(あさひ) 아침 해　朝(あさ)ご飯(はん) 아침밥 |

- ちょうしょく　じかん　じ
- 朝食の時間は8時です。 조식 시간은 8시입니다.
- あさ　はん　た
- 朝ご飯は食べてください。 아침밥은 드세요.

昼 (낮)주
획수 : 9획
부수 : 日

昼昼尺尺尺
昼昼昼昼

ちゅう	昼間(ちゅうかん) 주간　昼食(ちゅうしょく) 중식
	昼夜(ちゅうや) 주야
ひる	昼(ひる) 낮　昼寝(ひるね) 낮잠

- ちゅうしょく
- いつも昼食はラーメンです。 항상 중식은 라면입니다.
- ひる
- 昼にはアルバイトをします。 낮에는 아르바이트를 합니다.

夜

(밤)야
획수 : 8획
부수 : 夕

筆順: 丶 亠 广 疒 产 夜 夜 夜

| や | 深夜(しんや) 심야　夜食(やしょく) 야식 |

昼夜(ちゅうや) 주야　夜景(やけい) 야경

| よる／よ | 夜(よる) 밤　月夜(つきよ) 월야, 달밤 |

・横浜の夜景は有名です。 요코하마의 야경은 유명합니다.
・夜遅くまで仕事をします。 밤늦게까지 일을 합니다.

★ 이 밖에 특수하게 읽히는 단어로는 時計(とけい : 시계)와 時雨(しぐれ : 한 때 지나가는 비)가 있습니다.

時

(때)시
획수 : 10획
부수 : 日

筆順: 丨 冂 日 日 日 日
昨 昨 時 時

| じ | 時間(じかん) 시간　時刻表(じこくひょう) 시각표 |

零時(れいじ) 0시　同時(どうじ) 동시

| とき | 時々(ときどき) 그때그때　時(とき)に 때때로 |

・もうすぐ会議の時間です。 이제 곧 회의 시간입니다.
・時によって酒を飲みます。 때에 따라서 술을 마십니다.

60

曜

(빛날)요
획수 : 18획
부수 : 日

筆順: 丨 冂 日 日 日 日
日³ 日³ 日³ 日³ 日³ 日³
日³ 日³ 日³ 日³ 日³ 曜

| よう | 曜日(ようび) 요일 |

・休みは何曜日ですか。 휴일은 무슨 요일입니까?

半

(절반)반
획수 : 5획
부수 : 十

筆順: 丶 丷 二 半 半

| はん | 半額(はんがく) 반액　半分(はんぶん) 절반 |

半日(はんにち) 반나절

| なかば | 半(なか)ば 절반, 반 |

・半額で安く売っています。 반액으로 싸게 팔고 있습니다.
・地球の人口の半分は女です。 지구 인구의 절반은 여자입니다.

★부수 이름 알기 ④

4획	부수	이름	일본이름
	止	그칠지	とめへん
	歹	죽을사변	かばねへん
	殳	갖을등글월문	るまた
	母	어미모	はは
	比	견줄비	ひ
	毛	터럭모	け
	氏	각시씨	うじ
	气	기운기	きがまえ
	水(氵)	물수(삼수변)	さんずい
	火(灬)	불화(연화발)	ひへん
	爪	손톱조	つめかんむり
	片	조각편변	かたへん
	父	아비부	ちち
	牛	소우	うしへん
	犬	개견	けものへん
	耂	늙을로엄	おいかんむり

5획	한자	이름	일본이름
	玄	검을현	げん
	玉(王)	구슬옥	たま
	生	날생	うまれる
	用	쓸용	もちいる
	田	밭전	たへん
	疋	필필	ひき
	疒	병질엄	やまいだれ
	癶	필발머리	はつがしら

이번 과에서 배울 한자

強 (강할)강	弱 (약할)약	遠 (멀)원	近 (가까울)근	古 (옛)고	今 (이제)금
内 (안)내	外 (바깥)외	前 (앞)전	後 (뒤)후	多 (많을)다	少 (적을)소
京 (서울)경	里 (마을)리				

그림으로 익히기

つよ
強い 강하다

よわ
弱い 약하다

まえ
前 앞

うしろ
後 뒤

ちか
近い 가깝다

とお
遠い 멀다

ないがい
内外 내외

こ こん
古今 고금

すく
少ない 적다

おお
多い 많다

きょう
京 서울, 수도

さと
里 고향

일본 한자는 음독,　훈독에 따라 쓰임이 많이 달라지므로 단어와 예문으로 확실히 익혀 두세요.
획수와 필순, 부수 익히기는 기본!

強 (강할)강
획수 : 11획
부수 : 弓

きょう／ごう　強制(きょうせい) 강제
強力(きょうりょく) 강력　強盗(ごうとう) 강도
つよい／つよめる／しいる　強(つよ)い 강하다
強(つよ)める 강하게 하다　強(し)いる 강요하다

弓 弓 弓 弘 弘 弘
弘 弘 強 強 強

- 強力な力がわきました。 강력한 힘이 솟았습니다.
- 強い精神力を作ります。 강한 정신력을 만듭니다.

弱 (약할)약
획수 : 10획
부수 : 弓

じゃく　弱体(じゃくたい) 약체　貧弱(ひんじゃく) 빈약
よわい／よわまる　弱(よわ)い 약하다　弱(よわ)まる 약해지다

弓 弓 弓 弓 弓 弓
弓 弱 弱 弱

- あまりにも貧弱な体です。 너무나도 빈약한 몸입니다.
- 心を弱くしないでください。 마음을 약하게 먹지 마세요.

遠 (멀)원
획수 : 13획
부수 : 辶

えん／おん　永遠(えいえん) 영원　遠足(えんそく) 소풍
望遠鏡(ぼうえんきょう) 망원경
とおい　遠(とお)い 멀다

遠 遠 吉 吉 吉 吉 吏
吏 吏 袁 袁 遠 遠

- あなたのことは永遠に忘れません。
  당신 일은 영원히 잊지 않겠습니다.
- 遠い道を歩きました。 먼 길을 걸었습니다.

★ 인명으로 활용될 때
에는 近藤(こんどう)
란 발음으로 변하는 것
을 기억해 두세요.

近

(가까울)근

획수 : 7획
부수 : ⻌

丿 ⼂ ⼘ 斤 沂 沂 近

きん　近所(きんじょ) 근처　最近(さいきん) 최근

接近(せっきん) 접근

ちかい　近(ちか)い 가깝다

・最近、景気が悪いです。 최근, 경기가 나쁩니다.
　さいきん　けいき　わる

・この近くに銀行があります。 이 근처에 은행이 있습니다.
　　　ちか　　ぎんこう

古

(옛)고

획수 : 5획
부수 : 口

一 十 十 古 古

こ　古代(こだい) 고대　古書(こしょ) 고서　古典(こてん) 고전

ふるい／ふるす　古(ふる)い 낡다, 오래되다

・古代の歴史を研究する。 고대의 역사를 연구하다.
　こだい　れきし　けんきゅう

・古い友達に会いました。 오랜 친구를 만났습니다.
　ふる　ともだち　あ

今

(이제)금

획수 : 4획
부수 : 人

丿 人 𠆢 今

こん／きん　今日(こんにち) 오늘(날)　今年(ことし) 금년

古今(ここん) 고금　今上(きんじょう) 금상(현재의 왕)

いま　今(いま) 지금　今(いま)し方(がた) 방금, 조금 전

・今年の予算が決まりました。 올해의 예산이 정해졌습니다.
　ことし　よさん　き

・日本へ行くなら今の時期がいいです。
　にほん　い　　　いま　じき
일본에 간다면 지금 시기가 좋습니다.

内

(안)내

획수 : 4획
부수 : 入

丨 冂 内 内

ない／だい　案内(あんない) 안내　家内(かない) 아내

国内(こくない) 국내　境内(けいだい) (사찰 따위의) 경내

うち　身内(みうち) 온몸, 가족, 집안　内側(うちがわ) 안쪽

・案内してあげます。 안내해 드리겠습니다.
　あんない

・内側に置いてください。 안쪽에 놓아 주세요.
　うちがわ　お

★ 外(がい)는 '제외시키다'라는 의미의 동사인 外(はず)す로 활용하기도 합니다.

外
(바깥)외
획수 : 5획
부수 : 夕

がい／げ 　外食(がいしょく) 외식　外国(がいこく) 외국
外科(げか) 외과
そと／ほか 　外(そと) 바깥　その外(ほか) 그 외

丿 ク タ 外 外

・いつも外食でお金が足りません。
　언제나 외식으로 돈이 부족합니다.
・外は雨が降っています。 밖에는 비가 내리고 있습니다.

前
(앞)전
획수 : 9획
부수 : 刂

ぜん 　午前(ごぜん) 오전　事前(じぜん) 사전
前後(ぜんご) 전후　面前(めんぜん) 면전
まえ 　名前(なまえ) 이름　前(まえ) 앞

丶 丷 䒑 广 广 前 前 前 前

・事前に言ってください。 사전에 말해 주세요.
・前から3番目の人です。 앞에서 세 번째 사람입니다.

後
(뒤)후
획수 : 9획
부수 : 彳

ご／こう 　午後(ごご) 오후　後日(ごじつ) 후일
後悔(こうかい) 후회
のち／うしろ／あと／おくれる 　後程(のちほど) 나중에
後(うし)ろ 뒤, 뒤쪽　後(あと) 나중, 후　気後(きおく)れ 기가 죽음

丿 ク 彳 彳 彳 袋 後 後 後

・午後2時に会議があります。 오후 2시에 회의가 있습니다.
・後で、また来ます。 나중에 다시 오겠습니다.

多
(많을)다
획수 : 6획
부수 : 夕

た 　多分(たぶん) 아마도　多用(たよう) 다용
多量(たりょう) 다량
おおい 　多(おお)い 많다

丿 ク タ タ 多 多

・多分、あの人が犯人です。 아마 저 사람이 범인입니다.
・日本へ行きたがる人が多いです。
　일본에 가고 싶어하는 사람이 많습니다.

少
(적을)소
획수 : 4획
부수 : 小

丿 丿 小 少

しょう 少年(しょうねん) 소년 青少年(せいしょうねん)
청소년 年少者(ねんしょうしゃ) 연소자

すくない／すこし 少(すく)ない 적다

- 年少者は入場禁止です。 연소자는 입장금지입니다.
- 量が少ないです。 양이 적습니다.

京
(서울)경
획수 : 8획
부수 : 亠

★ 京(きょう)는 音読
(おんよ)み로만 읽히는
한자입니다.

丶 亠 亠 亠 㐬
亠 京 京

きょう／けい 京都(きょうと) 교토 上京(じょうきょう)
상경 東京(とうきょう) 도쿄 京阪(けいはん) 교토와 오사카

- 東京は日本の首都です。 도쿄는 일본의 수도입니다.

里
(마을)리
획수 : 7획
부수 : 里

丶 口 曰 日 甲 里 里

り 郷里(きょうり) 향리
一瀉千里(いっしゃせんり) 일사천리

さと 里帰(さとがえ)り 귀성, 귀가

- 一瀉千里で仕事が終りました。 일사천리로 일이 끝났습니다.
- 正月に里帰りします。 정월에 고향에 돌아갑니다.

66

★부수 이름 알기 ⑤

5 획	부수	이름	일본이름
	白	흰백	しろ
	皮	가죽피	けがわ
	皿	그릇명받침	さら
	目	눈목	めへん
	矢	화살시	やへん
	石	돌석	いしへん
	示(礻)	보일시	しめすへん
	禾	벼화	のぎへん
	穴	구멍혈	あなかんむり
	立	설립	たつへん
	罒	넉사머리	あみがしら

6 획	부수	이름	일본이름
	竹	대죽	たけかんむり
	米	쌀미	こめへん
	糸	실사	いとへん
	羊	양양	ひつじへん
	羽	깃우	はね
	耒	쟁기뢰	すきへん
	耳	귀이	みみへん
	肉(月)	육달월변	にくづき
	自	스스로자	みずから
	至	이를지	いたる

이번 과에서 배울 한자

牛 (소)우	馬 (말)마	魚 (고기)어	鳥 (새)조	鳴 (울)명
止 (그칠)지	行 (갈 / 행할)행	走 (달릴)주	来 (올)래	步 (걸을)보
帰 (돌아갈)귀				

그림으로 익히기

일본 한자는 음독, 훈독에 따라 쓰임이 많이 달라지므로 단어와 예문으로 확실히 익혀 두세요.
획수와 필순, 부수 익히기는 기본!

牛 (소)우

획수 : 4획
부수 : 牛

| ぎゅう | 牛肉(ぎゅうにく) 쇠고기 牛乳(ぎゅうにゅう) 우유 |
| うし | 牛(うし) 소 子牛(こうし) 송아지 |

丿 午 牛 牛

・朝、牛乳を飲みます。 아침에 우유를 마십니다.
・牛が草を食べています。 소가 풀을 먹고 있습니다.

馬 (말)마

획수 : 10획
부수 : 馬

| ば | 馬車(ばしゃ) 마차 競馬(けいば) 경마 |
| うま／ま | 馬(うま) 말 馬小屋(うまごや) 마구간 |
| 馬子(まご) 마부 |

丨 丨 厂 厂 匡 馬 馬
馬 馬 馬 馬

・競馬でお金をもうけました。 경마로 돈을 벌었습니다.
・牛より馬の方が速く走ります。 소보다 말이 빨리 달립니다.

魚 (고기)어

획수 : 11획
부수 : 魚

| ぎょ | 魚群(ぎょぐん) 물고기떼 金魚(きんぎょ) 금붕어 |
| 深海魚(しんかいぎょ) 심해어 |
| うお／さかな | 魚市場(うおいちば) 어시장 魚(さかな) 생선 |

⺈ ⺈ ⺈ 台 台 魚 魚
魚 魚 魚 魚 魚

・海で魚群に会いました。 바다에서 물고기떼를 만났습니다.
・魚は体にいいです。 생선은 몸에 좋습니다.

★ 鳥(とり)는 '까마귀'라는 뜻의 烏(からす)와 글자모양이 흡사하기 때문에 주의해서 익혀두세요.

鳥

(새)조
획수 : 11획
부수 : 鳥

丿 亻 丿 白 白 白 白
鳥 鳥 鳥 鳥 鳥

ちょう　鳥類(ちょうるい) 조류
一石二鳥(いっせきにちょう) 일석이조

とり　鳥(とり) 새　鳥小屋(とりごや) 새장

・それは一石二鳥です。 그것은 일석이조입니다.

・えだに鳥がとまっています。
나뭇가지에 새가 앉아 있습니다.

鳴

(울)명
획수 : 14획
부수 : 鳥

丨 ㅁ ㅁ ㅁ´ ㅁ」 吖 吖
吖 唣 鳴 鳴 鳴 鳴 鳴

めい　悲鳴(ひめい) 비명

なく／なる／ならす　鳴(な)く 울다
耳鳴(みみな)り 이명, 귀울음　鳴(な)らす 울리다

・悲鳴を上げないでください。 비명을 지르지 마세요.

・鳥の鳴き声が聞こえてきました。
새 울음소리가 들려 왔습니다.

止

(그칠)지
획수 : 4획
부수 : 止

丨 ㅏ 止 止

し　停止(ていし) 정지　禁止(きんし) 금지
中止(ちゅうし) 중지

とまる／とめる　止(と)まる 머물다　止(と)める 멈추다

・ここは立ち入り禁止です。 여기는 출입금지입니다.

・車を止めてください。 차를 세워 주세요.

★ 行(い)く와 行(ゆ)く는 쓰임이 같으나, 行(い)く가 구어적인 느낌이 강하고, 行(ゆ)く는 문어적인 느낌이 강합니다. 行(ゆ)く로 쓰이는 단어의 예를 들면 '～行(ゆ)き ～행', '行方(ゆくえ) 행방' 등이 있습니다.

行

(갈 / 행할)행
획수 : 6획
부수 : 行

丿 亻 彳 彳 行 行

こう／ぎょう／あん　銀行(ぎんこう) 은행　行動(こうどう) 행동　行列(ぎょうれつ) 행렬　行脚(あんぎゃ) 행각

いく／ゆく／おこなう　行(い)く 가다　行(ゆ)く 가다
行(おこな)う 행하다

・銀行で両替してください。 은행에서 환전해 주세요.

・早く行ってください。 빨리 가 주세요.

70

走

(달릴)주
획수 : 7획
부수 : 走

そう　走行(そうこう) 주행　逃走(とうそう) 도주
競走(きょうそう) 경주
はしる　走(はし)る 달리다

一 十 土 キ キ 走 走

・走行試験で落ちました。 주행시험에서 떨어졌습니다.
・100 メートルを 11 秒で走りました。
100 미터를 11초로 달렸습니다.

★ '오는/다가오는'의 의
미로 활용될 때 来(き
た)る로 발음되는 것에
주의하세요.

来

(올)래
획수 : 7획
부수 : 来

らい　来客(らいきゃく) 내객　外来(がいらい) 외래
外来語(がいらいご) 외래어
くる／きたる／きたす　来(く)る 오다　来(きた)る 오는

一 一 一 � 平 来 来

・外来語はカタカナで書きます。 외래어는 가타카나로 씁니다.
・学校に来ています。 학교에 와 있습니다.
・来る 3 月に結婚します。 오는 3 월에 결혼합니다.

71

금고려 일본어한자 40

歩

(걸을)보
획수 : 8획
부수 : 止

ほ／ふ／ぶ　徒歩(とほ) 도보　進歩(しんぽ) 진보
歩(ふ) (장기에서) 졸　歩合(ぶあい) 돈의 비율, 수수료
あるく／あゆむ　歩(ある)く 걷다　歩(あゆ)む 걷다

ㅣ ㅏ ㅂ 歩 歩 牛 牛 步

・徒歩で 1 分です。 도보로 1 분입니다.
・会社まで歩いて 5 分ぐらいかかります。
회사까지 걸어서 5분 정도 걸립니다.

帰

(돌아갈)귀
획수 : 10획
부수 : 巾

き　帰還(きかん) 귀환　帰国(きこく) 귀국　復帰(ふっき) 복귀
かえる／かえす　帰(かえ)る 돌아오(가)다
帰(かえ)す 돌려보내다

帰 帰 刂 刂 刂 帰
帰 帰 帰 帰

・辞めた会社に復帰しました。 그만둔 회사에 복귀했습니다.
・お帰りなさい。 어서 돌아오세요. (인삿말)

계절과 자연

이번 과에서 배울 한자

春 (봄)춘	夏 (여름)하	秋 (가을)추	冬 (겨울)동	太 (클)태	広 (넓을)광
池 (못)지	谷 (골짜기)곡	岩 (바위)암	星 (별)성	風 (바람)풍	海 (바다)해
高 (높을)고	原 (근원)원	雪 (눈)설	野 (들)야	黄 (누를)황	雲 (구름)운

그림으로 익히기

일본 한자는 음독, 훈독에 따라 쓰임이 많이 달라지므로 단어와 예문으로 확실히 익혀 두세요.
획수와 필순, 부수 익히기는 기본!

春 (봄)춘
획수 : 9획
부수 : 日

しゅん 春分(しゅんぶん) 춘분 立春(りっしゅん) 입춘
春期(しゅんき) 춘기
はる 春(はる) 봄 春雨(はるさめ) 봄비

一 二 三 声 夫 表
春 春 春

・今日(きょう)は立春(りっしゅん)です。 오늘은 입춘입니다.
・3月(がつ)から春(はる)の季節(きせつ)です。 3월부터 봄의 계절입니다.

夏 (여름)하
획수 : 10획
부수 : 夂

か/げ 夏期(かき) 하기 夏至(げし) 하지
なつ 夏空(なつぞら) 여름 하늘 夏場(なつば) 여름철
真夏(まなつ) 한여름 夏休(なつやす)み 여름방학

一 一 厂 百 百 百
百 戸 夏 夏

・夏期休暇(かきゅうか)を取(と)りました。 하기 휴가를 받았습니다.
・夏休(なつやす)みに日本(にほん)へ行(い)きます。 여름방학 때 일본에 갑니다.

秋 (가을)추
획수 : 9획
부수 : 禾

しゅう 秋分(しゅうぶん) 추분 千秋(せんしゅう) 천추(오랜 세월) 中秋(ちゅうしゅう) 중추(음력 8월 15일)
あき 秋(あき) 가을 秋祭(あきまつ)り 가을 축제

一 二 千 禾 禾 禾
禾 秋 秋

・秋分(しゅうぶん)に新(あたら)しい米(こめ)を食(た)べます。 추분에 새 쌀을 먹습니다.
・秋(あき)になると涼(すず)しくなります。 가을이 되면 시원해집니다.

冬 (겨울)동

획수 : 5획
부수 : 冫

ノ ク 久 冬 冬

| とう | 冬眠(とうみん) 동면　冬季(とうき) 동계 |
| ふゆ | 冬休(ふゆやす)み 겨울방학 |

・へびは冬眠に入りました。 뱀은 동면에 들어갔습니다.
・冬休みにスキー場に行きます。 겨울방학에 스키장에 갑니다.

太 (클)태

획수 : 4획
부수 : 大

一 ナ 大 太

たい／た	太陽(たいよう) 태양　太古(たいこ) 태고
	丸太(まるた) 통나무
ふとい／ふとる	太(ふと)い 굵다　太(ふと)る 살찌다

・雲に太陽が隠れています。 구름에 태양이 가려 있습니다.
・手首が太くなりました。 손목이 굵어졌습니다.

74

★ 広(こう)는 사람 이름에도 자주 쓰이는 한자로, 예를 들면 広瀬(ひろせ)와 같은 인명이 있습니다.

広 (넓을)광

획수 : 5획
부수 : 广

一 亠 广 広 広

こう	広域(こういき) 광역　広告(こうこく) 광고
ひろい／ひろまる／ひろがる	広(ひろ)い 넓다
	広場(ひろば) 광장　広(ひろ)まる 널리 퍼지다
	広(ひろ)がる 넓어지다, 퍼지다

・新聞に広告を出します。 신문에 광고를 냅니다.
・人々が広場に集まります。 사람들이 광장에 모입니다.
・広い海へ行きます。 넓은 바다로 갑니다.

池 (못)지

획수 : 6획
부수 : 氵

丶 冫 氵 汁 池 池

| ち | 貯水池(ちょすいち) 저수지 |
| いけ | 池(いけ) 연못 |

・貯水池の水は農業用水です。 저수지의 물은 농업용수입니다.
・池の真ん中に蓮の花が咲きました。
연못 한가운데에 연꽃이 피었습니다.

★ 보통 일본의 한자들은 인명으로 활용될 때 발음이 특이하게 달라지는 경우가 있는데, 谷(こく)가 쓰인 인명으로는 神谷(かみや)와 같은 독특한 이름이 있습니다.

谷

(골짜기)곡

획수 : 7획

부수 : 谷

| こく | 渓谷(けいこく) 계곡 |
| たに | 谷(たに) 산골짜기　谷間(たにま) 골짜기 |

丶 八 グ グ グ 谷 谷

・渓谷の紅葉はとてもきれいでした。
　계곡의 단풍은 매우 예뻤습니다.

・谷の間から日が昇っています。
　산골짜기 사이로 해가 뜨고 있습니다.

岩

(바위)암

획수 : 8획

부수 : 山

| がん | 奇岩(きがん) 기암　岩礁(がんしょう) 암초
岩石(がんせき) 암석 |
| いわ | 岩(いわ) 바위　岩山(いわやま) 바위산 |

丨 屮 屵 屵 屵 岩 岩 岩

・この海岸には奇岩怪石がたくさんあります。
　이 해안에는 기암괴석이 많이 있습니다.

・岩のようにびくともしませんでした。
　바위처럼 꿈쩍도 하지 않았습니다.

星

(별)성

획수 : 9획

부수 : 日

| せい/しょう | 北極星(ほっきょくせい) 북극성
星座(せいざ) 성좌　明星(みょうじょう) 샛별, 금성 |
| ほし | 星空(ほしぞら) 별하늘　流(なが)れ星(ぼし) 유성 |

星 口 星 星 尸 旦
旱 早 星

・北極星は北の空にあります。
　북극성은 북쪽 하늘에 있습니다.

・窓から星が見えます。 창문에서 별이 보입니다.

風

(바람)풍

획수 : 9획

부수 : 風

| ふう/ふ | 季節風(きせつふう) 계절풍　風速(ふうそく) 풍속
風船(ふうせん) 풍선　風情(ふぜい) 풍치, 운치, 정서 |
| かぜ/かざ | 風(かぜ) 바람　風向(かざむ)き 바람방향 |

丿 几 凡 凡 凨 凨
風 風 風

・すごい風速で木がたおれました。
　굉장한 폭풍에 나무가 쓰러졌습니다.

・強い風が吹いています。 강한 바람이 불고 있습니다.

海

(바다)해
획수 : 9획
부수 : 氵

筆順: 丶 氵 沪 沪 沪 沪 海 海 海

かい 海上(かいじょう) 해상 海水浴場(かいすいよくじょう) 해수욕장 海洋(かいよう) 해양

うみ 海(うみ) 바다 海辺(うみべ) 해변, 바닷가

- 海水浴場で水泳をします。 해수욕장에서 수영을 합니다.
- 海は波が魅力的です。 바다는 파도가 매력적입니다.

高

(높을)고
획수 : 10획
부수 : 高

筆順: 亠 亠 产 亭 亭 高 高 高 高 高

こう 高校(こうこう) 고등학교 高価(こうか) 고가 高齢(こうれい) 고령 高低(こうてい) 고저

たかい／たかまる 高(たか)い 높다 高(たか)まる 높아지다, 고조되다

- 今年、高校を出ました。 금년에 고등학교를 나왔습니다.
- 富士山は日本で一番高い山です。 후지산은 일본에서 가장 높은 산입니다.

原

(근원)원
획수 : 10획
부수 : 厂

筆順: 一 厂 厂 厂 厉 厉 原 原 原 原

げん 原因(げんいん) 원인 原始(げんし) 원시 原本(げんぽん) 원본

はら 野原(のはら) 들판

- 原因を明らかにしました。 원인을 밝혔습니다.
- 野原が広がっています。 들판이 펼쳐져 있습니다.

雪

(눈)설
획수 : 11획
부수 : 雨

筆順: 一 乛 乛 乛 重 雪 雪 雪 雪 雪 雪

★ 이 밖에 '눈사태'란 의미로 활용될 때 雪崩(なだ)れ와 같이 특이하게 발음하기도 합니다.

せつ 雪辱(せつじょく) 설욕 雪原(せつげん) 설원 雪景(せっけい) 설경

ゆき 雪祭(ゆきまつ)り 눈축제 雪国(ゆきぐに) 설국

- 富士山の雪景はすばらしいです。 후지산의 설경은 멋집니다.
- 北海道は雪国です。 홋카이도는 설국(눈이 많이 오는 고장)입니다.

76

野

(들)야

획수 : 11획
부수 : 里

や 野営(やえい) 야영　野外(やがい) 야외
野球(やきゅう) 야구

の 野原(のはら) 들판

一 口 日 日 甲 里
里 野 野 野 野

・雨で野球が中止になりました。
　비로 야구가 중지되었습니다.

・牛が野原で草を食べます。 소가 들판에서 풀을 먹습니다.

黄

(누를)황

획수 : 11획
부수 : 黄

こう／おう 黄河(こうが) 황하　硫黄(いおう) 유황

き／こ 黄色(きいろ)い 노랗다　黄色(きいろ) 노랑색
黄金(こがね／おうごん) 황금

一 十 艹 艹 芒 芒 苗
苗 苗 黄 黄

・私にも黄金時代がありました。
　나에게도 황금시대가 있었습니다.

・黄色いシャツを着ました。 노란 셔츠를 입었습니다.

★ 黄(こう)는 한자 横(よこ)와 모양이 비슷하니 쓰기 연습을 할 때 주의해서 연습하세요.

雲

(구름)운

획수 : 12획
부수 : 雨

うん 雲海(うんかい) 운해　雲中(うんちゅう) 구름 속

くも 雨雲(あまぐも) 비구름

一 一 二 宇 宇 宇
雲 雲 雲 雲 雲 雲

・雲海の上を飛行機が飛んでいます。
　운해 위를 비행기가 날고 있습니다.

・雨雲が近付いてます。
　비구름이 다가오고 있습니다.

이번 과에서 배울 한자

顔 (얼굴)안   色 (빛)색   心 (마음)심   首 (머리/목)수   体 (몸)체   頭 (머리)두

그림으로 익히기

頭 머리

首 목

顔色が悪い
얼굴빛이 나쁘다

体が弱い 몸이 약하다

心が痛い 마음이 아프다

한자 익히기

일본 한자는 음독, 훈독에 따라 쓰임이 많이 달라지므로 단어와 예문으로 확실히 익혀 두세요. 획수와 필순, 부수 익히기는 기본!

顔 (얼굴)안
획수 : 18획
부수 : 頁

がん 顔面(がんめん) 안면　童顔(どうがん) 동안

かお 顔(かお) 얼굴　似顔(にがお) 닮은 얼굴

顔 顔 顔 产 产 产 产 彦 彦 产 彦 彦 产
顏 顏 顏 顏 顔 顔

・彼は童顔でハンサムです。 그는 동안이고 잘 생겼습니다.
かれ どうがん

・顔を洗ってください。 얼굴을 씻으세요.
かお あら

色 (빛)색
획수 : 6획
부수 : 色

しょく／しき 特色(とくしょく) 특색　景色(けしき) 경치
色盲(しきもう) 색맹

いろ 色(いろ) 색　顔色(かおいろ) 얼굴빛, 혈색

ノ ク ク 名 多 色

・海の景色がいいです。 바다 경치가 좋습니다.
うみ けしき

・黒い色は暗くて嫌いです。 검은색은 어두워서 싫습니다.
くろ いろ くら きら

心 (마음)심
획수 : 4획
부수 : 心

しん 心身(しんしん) 심신　本心(ほんしん) 본심
中心(ちゅうしん) 중심　安心(あんしん) 안심

こころ 心(こころ) 마음　親心(おやごころ) 어버이 마음

ノ 心 心 心

・心身共に疲れます。 심신 공히 피곤합니다.
しんしんとも つか

・彼女は心のやさしい人です。
かのじょ こころ ひと
그녀는 마음이 착한 사람입니다.

・魚心あれば水心。 오는 정이 있어야 가는 정이 있다.
うおごころ みずごころ

首

(머리 / 목)수

획수 : 9획
부수 : 首

| しゅ | 自首(じしゅ) 자수　部首(ぶしゅ) 부수 |
| くび | 手首(てくび) 손목 |

丶 丷 猒 猒 猒 首
首 首 首

- どろぼうは自首してきた。 도둑은 자수해 왔다.
- 手首が痛いです。 손목이 아픕니다.

体

(몸)체

획수 : 7획
부수 : 亻

たい／てい	体育(たいいく) 체육　肉体(にくたい) 육체
	体操(たいそう) 체조　体験(たいけん) 체험
	体裁(ていさい) 체면
からだ	体(からだ) 몸　体(からだ)つき 몸매, 몸집

丿 亻 仁 什 仕 休 体

- 体育の時間にサッカーをしました。
  체육시간에 축구를 했습니다.
- 体に気を付けてください。 몸조심 하세요.

頭

(머리)두

획수 : 16획
부수 : 頁

とう／ず／と	念頭(ねんとう) 염두　頭脳(ずのう) 두뇌
あたま／かしら	頭(あたま) 머리　頭金(あたまきん) 계약금,
착수금	頭文字(かしらもじ) 머리글자

一 丆 亠 后 后 豆 豆
頭 頭 頭 頭 頭 頭 頭 頭

- 念頭に置いてください。 염두에 두세요.
- 頭を使ってください。 머리를 쓰세요.

★부수 이름 알기 ⑥

6획	부수	이름	일본이름
	臼	절구구	うす
	舌	혀설	した
	舟	배주	ふねへん
	艮	그칠간	こんづくり
	色	빛색	いろ
	虫	벌레충	むしへん
	血	피혈	ち
	行	다닐행	ぎょうがまえ
	衣(衤)	옷의	ころもへん
	西	서녘서	にし

7획	부수	이름	일본이름
	見	볼견	みる
	角	뿔각	つのへん
	言	말씀언	ごんべん
	谷	골곡	たに
	豆	콩두	まめ
	豕	돼지시	いのこへん
	貝	조개패	かいへん
	赤	붉을적변	あか
	走	달아날주	そうにょう

이번 과에서 배울 한자

父 (아비)부	母 (어미)모	兄 (형)형	弟 (아우)제	親 (친할)친	友 (벗)우
店 (가게)점	長 (길)장	姉 (누이)자	妹 (누이)매	自 (스스로)자	分 (나눌)분

그림으로 익히기

自分 (じぶん) 자기, 자신
親友 (しんゆう) 친구
店長 (てんちょう) 점장
父母 (ふぼ) 부모
兄弟 (きょうだい) 형제
姉妹 (しまい) 자매

한자 익히기

일본 한자는 음독, 훈독에 따라 쓰임이 많이 달라지므로 단어와 예문으로 확실히 익혀 두세요.
획수와 필순, 부수 익히기는 기본!

父 (아비)부
획수 : 4획
부수 : 父

필순 : 父 父 父 父

| ふ／とう | 父兄(ふけい) 학부형　お父(とう)さん 아버지 |
| ちち | 父(ちち) 아버지　父親(ちちおや) 부친, 아버지 |

・お父(とう)さんの仕事(しごと)は何(なん)ですか。 아버님의 일은 무엇입니까?
・父(ちち)と母(はは)は会社員(かいしゃいん)です。 아버지와 어머니는 회사원입니다.

母 (어미)모
획수 : 5획
부수 : 母

필순 : 母 母 母 母 母

| ぼ／かあ | 母乳(ぼにゅう) 모유　母国(ぼこく) 모국
お母(かあ)さん 어머니 |
| はは | 母(はは) 어머니　母親(ははおや) 모친, 어머니 |

・母乳(ぼにゅう)を飲(の)ませています。 모유를 먹이고 있습니다.
・母(はは)は専業主婦(せんぎょうしゅふ)です。 어머니는 전업주부입니다.

★ 자기 또는 남의 형이나 오빠를 부를 때는 お兄(にい)さん이라고 합니다.

兄 (형)형
획수 : 5획
부수 : ル

필순 : 兄 兄 兄 兄 兄

| けい／きょう | 父兄(ふけい) 부형　兄弟(きょうだい) 형제 |
| あに | 兄(あに) 형　兄嫁(あによめ) 형수 |

・何人兄弟(なんにんきょうだい)ですか。 몇 형제입니까?
・兄(あに)が二人(ふたり)います。 형(오빠)이 두 명 있습니다.

★ 남의 동생을 지칭할 때는 弟(おとうと)さん이라고 합니다.

弟 (아우)제
획수 : 7획
부수 : 弓

필순 : 弟 弟 弟 弟 弟 弟 弟

| てい／だい／で | 師弟(してい) 사제
兄弟(きょうだい) 형제　弟子(でし) 제자 |
| おとうと | 弟(おとうと) 남동생 |

・この子(こ)が私(わたし)の弟子(でし)です。 이 아이가 저의 제자입니다.
・弟(おとうと)は来月(らいげつ)結婚(けっこん)します。 남동생은 다음달에 결혼합니다.

★ 자기 또는 남의 누이를 부를 때는 お姉(ねえ)さん이라고 합니다.

姉

(누이)자

획수 : 8획
부수 : 女

| **し** | 姉妹(しまい) 자매 |
| **あね** | 姉(あね) 누나(언니)　姉上(あねうえ) 누님 |

・日本の大学と姉妹関係を結びました。
일본 대학과 자매관계를 맺었습니다.

・姉と兄は結婚しました。 누나(언니)와 형(오빠)은 결혼했습니다.

★ 남의 동생을 지칭할 때는 妹(いもうと)さん이라고 합니다.

妹

(누이)매

획수 : 8획
부수 : 女

く 女 女 女
妒 奸 奸 妹

| **まい** | 姉妹(しまい) 자매　義妹(ぎまい) 의매(의리로 맺은 여동생) |
| **いもうと** | 妹(いもうと) 여동생 |

・姉妹同士で仲がいいです。 자매끼리 사이가 좋습니다.

・妹は高校生です。 여동생은 고등학생입니다.

84

自

(스스로)자

획수 : 6획
부수 : 自

′ 亻 冂 白 白 自

| **じ／し** | 自由(じゆう) 자유　自然(しぜん) 자연 |
| **みずから** | 自(みずか)ら 자기 스스로 |

・自由にしてください。 자유롭게 하세요.

・自ら反省してください。 스스로 반성하세요.

★ 이 밖의 音読(おんよ)미로 ふん／ぶ가 있고, 訓読(おんよ)미는 わかる가 있습니다.

分

(나눌)분

획수 : 4획
부수 : 刀

ノ 八 分 分

ぶん／ふん／ぶ	分子(ぶんし) 분자　分担(ぶんたん) 분담
	5分(ごふん) 5분　3割5分(さんわりごぶ) 3할 5푼
わける	分(わ)ける 나누다, 분리하다

・仕事を分担してやります。 일을 분담해서 합니다.

・半分に分けてください。 반으로 나누어 주세요.

親

(친할)친
획수 : 16획
부수 : 見

しん	親切(しんせつ) 친절	両親(りょうしん) 양친
おや／したしい／したしむ	親(おや) 부모	親子(おやこ)
	어버이와 자식　親(した)しい 친하다　親(した)しむ 친하게 지내다	

親 親 親 親 亲 亲 亲 亲
亲 亲 亲 親 親 親 親 親

・彼は親切な人です。 그는 친절한 사람입니다.
　かれ　しんせつ　ひと

・親孝行してください。 효도해 주세요.
　おやこうこう

友

(벗)우
획수 : 4획
부수 : 又

ゆう	友人(ゆうじん) 친구, 벗	親友(しんゆう) 친우, 친구
とも	友達(ともだち) 친구	

一 ナ 方 友

・彼は高校の親友です。 그는 고등학교 친구입니다.
　かれ　こうこう　しんゆう

・友達との約束は守ってください。
　ともだち　やくそく　まも
　친구와의 약속은 지켜 주세요.

店

(가게)점
획수 : 8획
부수 : 广

てん	開店(かいてん) 개점	売店(ばいてん) 매점
みせ	店(みせ) 가게	夜店(よみせ) 밤거리의 노점

店 店 广 广
庄 庄 店 店

・新しい店を開店しました。 새로운 가게를 개점했습니다.
　あたら　みせ　かいてん

・店の人に聞いてください。 가게 사람에게 물어 보세요.
　みせ　ひと　き

長

(길)장
획수 : 8획
부수 : 長

ちょう	身長(しんちょう) 신장	長所(ちょうしょ) 장점
ながい	長(なが)い 길다	長(なが)さ 길이

長 長 長 長
長 長 長 長

・身長はどのぐらいですか。 신장은 얼마입니까?
　しんちょう

・この頃は日が長くなりました。 요즘은 해가 길어졌습니다.
　ごろ　ひ　なが

이번 과에서 배울 한자

切 (끊을)절/ (모두)체 　　肉 (고기)육 　　米 (쌀)미 　　麦 (보리)맥

食 (먹을)식 　　茶 (차)다 　　道 (길)도 　　絵 (그림)회 　　画 (그림)화/ (가를)획

言 (말씀)언 　　語 (말씀)어

그림으로 익히기

言語 언어
げん ご

肉を切っている
にく　き
고기를 자르고 있다

絵画 회화
かい が

米 쌀
こめ

茶道 다도
さ どう

麦 보리
むぎ

食卓 식탁
しょくたく

일본 한자는 음독, 훈독에 따라 쓰임이 많이 달라지므로 단어와 예문으로 확실히 익혀 두세요.
획수와 필순, 부수 익히기는 기본!

切 (끊을)절
(모두)체

획수 : 4획
부수 : 刀

せつ／さい	親切(しんせつ) 친절　切実(せつじつ) 절실
	切断(せつだん) 절단　一切(いっさい) 일체
きる／きれる	切(き)る 자르다　切(き)れる 끊어지다, 예리하다

一 七 切 切

· 親切にしてください。 친절하게 해 주세요.

· ナイフで切ります。 나이프로 자릅니다.

肉 (고기)육

획수 : 6획
부수 : 肉

にく	肉(にく) 고기　肉親(にくしん) 육친
	豚肉(ぶたにく) 돼지고기　肉食(にくしょく) 육식

丨 冂 内 内 肉 肉

· 肉より野菜を食べてください。 고기보다 야채를 드세요.

米 (쌀)미

획수 : 6획
부수 : 米

べい／まい	米国(べいこく) 미국　欧米(おうべい) 유럽
	白米(はくまい) 백미, 흰쌀
こめ	米屋(こめや) 쌀가게

丶 丷 二 半 米 米

· 米国は広い国です。

미국은 넓은 나라입니다.

· 米屋で米を買いました。 쌀가게에서 쌀을 샀습니다.

麦

(보리)맥

획수 : 7획
부수 : 麦

一 十 キ 主 丰 歩 麦

| ばく | 精麦(せいばく) 정맥(보리를 쓿어서 희게 함) |
| むぎ | 麦(むぎ) 보리　小麦粉(こむぎこ) 밀가루 |

麦茶(むぎちゃ) 보리차

・精麦した生ビールはおいしいです。
정맥한 생맥주는 맛있습니다.

・ビールの原料は麦です。 맥주의 원료는 보리입니다.

食

(먹을)식

획수 : 9획
부수 : 食

★ 이 외에 '거지'라는
뜻의 단어 乞食(こじ
き)에도 활용됩니다. 참
고로 알아두세요.

ノ 人 人 今 今 今
令 食 食

| しょく | 飲食店(いんしょくてん) 음식점　食堂(しょくど |

う) 식당　食事(しょくじ) 식사　飲食(いんしょく) 음식

| たべる／くう／くらう | 食(た)べ物(もの) 음식　食(た)べる |

먹다　食(く)う 먹다(食べる보다 거친 말. 남성어)

・お昼は食堂で食べます。 점심은 식당에서 먹습니다.

・日本の食べ物が食べたいです。 일본 음식을 먹고 싶습니다.

茶

(차)다

획수 : 9획
부수 : 艹

★ '다도'의 경우 茶道
(さどう)와 茶道(ちゃ
どう) 두 가지 발음이
모두 사용됩니다.

一 十 卄 サ 艾
茶 苯 茶 茶

| ちゃ／さ | 紅茶(こうちゃ) 홍차　茶室(ちゃしつ) 다실 |

茶道(さどう) 다도

・茶道は日本の伝統文化の一つです。
다도는 일본 전통문화의 하나입니다.

道

(길)도

획수 : 12획
부수 : 辶

丶 丷 ヴ 丷 ヴ 首
首 首 首 首 道 道

| どう／とう | 柔道(じゅうどう) 유도　鉄道(てつどう) 철도 |

道徳(どうとく) 도덕　神道(しんとう) 신도(일본의 민족신앙)

| みち | 近道(ちかみち) 지름길 |

・柔道は韓国が強いです。 유도는 한국이 강합니다.

・道に迷っています。 길을 헤매고 있습니다.

88

絵

(그림)회

획수 : 12획
부수 : 糸

かい／え　絵画(かいが) 회화　似顔絵(にがおえ) 초상화

絵描(えか)き 화가　絵(え) 그림

《 乡 乡 糸 糸 糸
糸 紵 給 絵 絵 絵

- 絵入(えい)りの小説(しょうせつ)はおもしろいです。
  그림이 들어간 소설은 재미있습니다.

- 趣味(しゅみ)は絵(え)を描(か)くことです。 취미는 그림을 그리는 일입니다.

画

(그림)화
(가를)획

획수 : 8획
부수 : 田

が／かく　画家(がか) 화가　映画(えいが) 영화

計画(けいかく) 계획

一 一 〒 万 西 画 画 画

- 日本(にほん)の映画(えいが)を見(み)ました。 일본 영화를 보았습니다.

言

(말씀)언

획수 : 7획
부수 : 言

げん／ごん　言語(げんご) 언어　言動(げんどう) 언동

遺言(ゆいごん) 유언　言語道断(ごんごどうだん) 언어도단

いう／こと　言(い)う 말하다　言葉(ことば) 말, 언어

` 一 亠 亠 言 言 言

- 父(ちち)が遺言(ゆいごん)を残(のこ)しました。 아버지가 유언을 남겼습니다.

- 何(なん)でも言(い)ってください。 무엇이든 말해 주세요.

語

(말씀)어

획수 : 14획
부수 : 言

ご　言語(げんご) 언어　語調(ごちょう) 어조

用語(ようご) 용어

かたる／かたらう　語(かた)る 말하다

語(かた)らう 말을 주고 받다

語 一 亠 言 言 言 語
言 訂 許 語 語 語 語

- 専門用語(せんもんようご)は辞書(じしょ)を引(ひ)いてください。
  전문용어는 사전을 찾아 주세요.

- 心(こころ)のうちを語(かた)ります。 속마음을 이야기합니다.

이번 과에서 배울 한자

教 (가르칠)교   室 (집)실   工 (장인)공   作 (지을)작   計 (셈할)계
算 (셈할)산   点 (점)점   数 (셈할)수   読 (읽을)독   書 (글)서
科 (품등)과   黒 (검을)흑   答 (대답할)답   線 (실)선

그림으로 익히기

きょう しつ
教室 교실

か もく
科目 과목

かいとう
解答 해답

こくばん
黒板 칠판

てんすう　けいさん
点数を計算する
점수를 계산하다

どくしょ
読書 독서

ちょくせん　ひ
直線を引く
직선을 긋다

こうさく
工作 공작

일본 한자는 음독, 훈독에 따라 쓰임이 많이 달라지므로 단어와 예문으로 확실히 익혀 두세요.
획수와 필순, 부수 익히기는 기본!

教 (가르칠)교
획수 : 11획
부수 : 攵

きょう 教室(きょうしつ) 교실 教師(きょうし) 교사
教授(きょうじゅ) 교수

おしえる／おそわる 教(おし)える 가르치다
教(おそ)わる 가르침을 받다

一 十 土 耂 耂 孝 孝
孝 孝 教 教

・英語の教師をやっています。 영어 교사를 하고 있습니다.
・日本語を教えてください。 일본어를 가르쳐 주세요.

室 (집)실
획수 : 9획
부수 : 宀

しつ 教室(きょうしつ) 교실 室内(しつない) 실내
浴室(よくしつ) 욕실

むろ 室町時代(むろまちじだい) 무로마치 시대

丶 ハ 宀 灾 灾 宏
宏 室 室

・室内温度が高いです。 실내온도가 높습니다.
・着物は室町時代の普段着でした。
기모노는 무로마치 시대의 평상복이었습니다.

工 (장인)공
획수 : 3획
부수 : 工

こう／く 工場(こうじょう) 공장 工業(こうぎょう) 공업
工夫(くふう) 궁리, 고안

一 丁 工

・工場を見学しに日本へ行きます。
공장을 견학하러 일본에 갑니다.

作 (지을)작
획수 : 7획
부수 : 亻

ノ 亻 亻 亻 竹 竹 作

さく／さ 作成(さくせい) 작성 製作(せいさく) 제작
作業(さぎょう) 작업

つくる 作(つく)る 만들다

・文章を作成してください。 문장을 작성해 주세요.
・日本料理を作ります。 일본요리를 만듭니다.

計 (셈할)계
획수 : 9획
부수 : 言

゙ ゙ ゙ ゙ ゙ 言 言 言 計

けい 計画(けいかく) 계획 設計(せっけい) 설계
計算(けいさん) 계산

はかる／はからう 計(はか)る 가늠하다
計(はか)らう 처리하다

・計画を立ててください。 계획을 세워 주세요.
・真意を計って見ます。 진의를 가늠해 보겠습니다.

算 (셈할)산
획수 : 14획
부수 : 竹

ノ ゙ ゙ ゙ ゙ 竹 竹
竹 笪 笪 笪 算 算 算

さん 計算(けいさん) 계산 算数(さんすう) 산수

・計算してください。 계산해 주세요.
・算数は得意です。 산수는 잘합니다.

点 (점)점
획수 : 9획
부수 : 灬

★ 点(てん)은 동사로 활용되는 경우도 있는데 이 경우 点(とも)す라고 발음되며, '불을 켜다' 라는 의미로 쓰입니다.

丶 ト ᅡ 占 占 点
点 点 点

てん 加算点(かさんてん) 가산점 採点(さいてん) 채점
点数(てんすう) 점수 満点(まんてん) 만점

・百点を取りました。 백점을 받았습니다.

数 (셈할)수
획수 : 13획
부수 : 攵

すう／す 　数学(すうがく) 수학　数字(すうじ) 숫자

数寄屋(すきや) 다실

かず／かぞえる 　数(かず) 수　数(かぞ)える 셈하다

数 数 数 ソ ソ ソ
数 数 数 数 数 数

- 数学が得意です。수학을 잘 합니다.
- 数を数えてください。수를 셈해 주세요.

読 (읽을)독
획수 : 14획
부수 : 言

どく／とく／とう 　読書(どくしょ) 독서　朗読(ろうどく)
낭독　読本(とくほん) 독본　句読点(くとうてん) 구두점

よむ 　読(よ)む 읽다

読 読 읽 請 読 言 言
言 計 詰 読 読 読 読

- 読書が趣味です。독서가 취미입니다.
- 新聞を読んでいます。신문을 읽고 있습니다.

書 (글)서
획수 : 10획
부수 : 日

しょ 　書籍(しょせき) 서적　図書(としょ) 도서
書店(しょてん) 서점　書道(しょどう) 서도

かく 　書(か)く 쓰다

⁊ ⁊ ⁊ 聿 聿 書
書 書 書 書

- 書店で日本語の本を買いました。
  서점에서 일본어 책을 샀습니다.
- 毎日、日記を書いています。매일 일기를 쓰고 있습니다.

科 (품등)과
획수 : 9획
부수 : 禾

か 　学科(がっか) 학과　科学(かがく) 과학
教科書(きょうかしょ) 교과서　科目(かもく) 과목

千 二 千 禾 禾 禾
禾 禾 科

- 日本語学科の学生です。일본어학과 학생입니다.

黒

(검을)흑

획수 : 11획
부수 : 黒

丶 口 日 日 甲 里
里 里 黒 黒 黒

こく　黒人(こくじん) 흑인　暗黒(あんこく) 암흑

くろ／くろい　白黒(しろくろ) 흑백　黒髪(くろかみ) 흑발

黒(くろ)い 검다

・彼は暗黒の世界のボスだ。 그는 암흑세계의 보스이다.
　かれ　あんこく　せかい

・えんとつから黒い煙が出ています。
　　　　　　　くろ　けむり　で
　굴뚝에서 검은 연기가 나오고 있습니다.

答

(대답할)답

획수 : 12획
부수 : 竹

ノ ト ゲ ゲ ゲ 答
答 答 答 答 答 答

とう　回答(かいとう) 회답　解答(かいとう) 해답

答案(とうあん) 답안　答弁(とうべん) 답변

こたえる／こたえ　答(こた)える 대답하다

・答案用紙を出してください。 답안지를 제출해 주세요.
　とうあんようし　だ

・はっきりと答えてください。 확실하게 대답해 주세요.
　　　　　　こた

線

(실)선

획수 : 15획
부수 : 糸

ㄥ ㄠ ㄠ 幺 半 糸 糺
糸 糸 絼 絼 線 線 線

せん　実線(じっせん) 실선　線路(せんろ) 선로

断線(だんせん) 단선　電線(でんせん) 전선

・実線を引いてください。 실선을 그어 주세요.
　じっせん　ひ

★부수 이름 알기 ⑦

7획 부수	이름	일본이름
足	발족	あしへん
身	몸신변	みへん
車	수레거	くるまへん
辛	매울신	しん
辰	별진	しんのたつ
酉	닭유	とり
釆	분별할변	のごめへん
里	마을리	さとへん
臣	신하신	しん
麦	보리맥	むぎ

8획 부수	이름	일본이름
金	쇠금	かねへん
長	길장	ながい
門	문문	もんがまえ
隹	새추	ふるとり
雨	비우	あめかんむり
青	푸를청	あお
非	아닐비	あらず

이번 과에서 배울 한자

新 (새)신   聞 (들을)문   番 (차례)번   組 (끈)조   歌 (노래)가
声 (소리)성   楽 (즐길)락   売 (팔)매   買(살)매

그림으로 익히기

한자 익히기

일본 한자는 음독, 훈독에 따라 쓰임이 많이 달라지므로 단어와 예문으로 확실히 익혀 두세요.
획수와 필순, 부수 익히기는 기본!

★ 新(しん)은 にい로 발음되는 경우도 있는데 新妻(にいづま : 새댁), 新島(にいじま : 사람 이름) 등의 단어가 있습니다.

新 (새)신

획수 : 13획
부수 : 斤

必순: 新 新 新 新 亠 亠 辛 亲 亲 新 新 新 新

| しん | 新鮮(しんせん) 신선　新設(しんせつ) 신설 新郎(しんろう) 신랑 |
| あたらしい | 新(あたら)しい 새롭다 |

・新鮮な魚をえらんでください。 신선한 생선을 골라 주세요.
・新しい人生を始めました。 새로운 인생을 시작했습니다.

聞 (들을)문

획수 : 14획
부수 : 耳

必순: 門 門 門 門 門 門 門 門 門 門 門 聞 聞 聞

| ぶん／もん | 新聞(しんぶん) 신문　百聞(ひゃくぶん) 백문 伝聞(でんぶん) 전문(전해 들음) |
| きく／きこえる | 聞(き)く 듣다　聞(き)こえる 들리다 |

・百聞は一見に如かず。 백문이 불여일견.
・話をよく聞いてください。 이야기를 잘 들어 주세요.

番 (차례)번

획수 : 12획
부수 : 田

必순: 番 番 番 番 平 乎 乎 釆 番 番 番 番

| ばん | 順番(じゅんばん) 순서　番号(ばんごう) 번호 番地(ばんち) 번지 |

・電話番号を教えてください。 전화번호를 가르쳐 주세요.
・ここは何番地ですか。 여기는 몇 번지입니까?

組

(끈)조
획수 : 11획
부수 : 糸

` ´ ² ² ² ² ² ² ²
組 組 組 組 組

そ 改組(かいそ) 개조　組織(そしき) 조직

くみ／くむ 二組(にくみ) 2반　組(く)む 짜다, 편성하다

・会社の組織が変わりました。 회사 조직이 바뀌었습니다.
・時間割を組みました。 시간표를 짰습니다.

歌

(노래)가
획수 : 14획
부수 : 欠

一 ㅜ ㅜ ㅜ ㅜ ㅜ ㅜ
哥 哥 哥 哥 哥 歌 歌 歌

か 歌手(かしゅ) 가수　歌詞(かし) 가사
歌唱力(かしょうりょく) 가창력

うた／うたう 歌(うた) 노래　歌(うた)う 노래하다

・歌手より歌詞がいいです。 가수보다 가사가 좋습니다.
・日本の歌が好きです。 일본 노래를 좋아합니다.

声

(소리)성
획수 : 7획
부수 : 士

一 ㅜ ㅜ ㅜ ㅜ ㅜ 声

せい／しょう 声楽(せいがく) 성악　音声(おんせい) 음성
発声(はっせい) 발성　大音声(だいおんじょう) 우렁찬 목소리

こえ／こわ 声(こえ) 목소리　歌声(うたごえ) 노랫소리
声色(こわいろ) 목소리, 음색

・音声メッセージで知らせます。 음성메시지로 알리겠습니다.
・声を大きくしてください。 소리를 크게 해 주세요.

★ 薬(くすり)의 한자
와 모양이 비슷하니 구
분해서 익혀두세요.

楽

(즐길)락
획수 : 13획
부수 : 木

` ´ ㅏ ㅏ ㅏ ㅏ ㅑ
泊 泊 泊 楽 楽 楽

らく／がく 楽園(らくえん) 낙원
楽天家(らくてんか) 낙천가　音楽(おんがく) 음악

たのしむ／たのしい 楽(たの)しむ 즐기다
楽(たの)しい 즐겁다

・ここは地上の楽園です。 여기는 지상낙원입니다.
・ゆっくり楽しんでください。 천천히 즐기세요.

98

売 (팔)매

획수 : 7획
부수 : 士

| ばい | 発売(はつばい) 발매　競売(きょうばい) 경매 |
| うる／うれる | 売(う)る 팔다　売(う)れる 팔리다 |

売 売 売 売 売 売 売

- 新発売の製品です。 신발매의 제품입니다.
- 売る人はお金をもらいます。 파는 사람은 돈을 받습니다.

買 (살)매

획수 : 12획
부수 : 貝

| ばい | 売買(ばいばい) 매매　購買(こうばい) 구매 |
| かう | 買(か)う 사다　買(か)い物(もの) 쇼핑, 장보기 |

- 景気が悪くて購買力がありません。

  경기가 나빠서 구매력이 없습니다.

- デパートに買い物に行きます。 백화점에 쇼핑하러 갑니다.

이번 과에서 배울 한자

門 (문)문   戸 (집)호   弓 (활)궁   矢 (화살)시   汽 (김)기   船 (배)선
台 (토대)대   光 (빛)광

그림으로 익히기

한자 익히기

일본 한자는 음독, 훈독에 따라 쓰임이 많이 달라지므로 단어와 예문으로 확실히 익혀 두세요.
획수와 필순, 부수 익히기는 기본!

門 (문)문

획수 : 8획
부수 : 門

もん 門(もん) 문　門限(もんげん) 귀가시간
門下生(もんかせい) 문하생　専門(せんもん) 전문

かど 門(かど) 집안, 가족　門松(かどまつ) 새해 문 앞에 장식하는 소나무

｜ ｜ ｌ ｐ ｐ ｐ
門 門 門

・門(もん)から入(はい)ってください。 문으로 들어오세요.
・笑(わら)う門(かど)には福来(ふくき)たる。 웃는 가정에 복이 온다.

戸 (집)호

획수 : 4획
부수 : 戸

こ 戸籍(こせき) 호적　門戸(もんこ) 문호
下戸(げこ) 술을 못하는 사람

と 戸締(とじま)り 문단속

一 一 ㄹ 戸

・戸籍(こせき)を調(しら)べています。 호적을 조사하고 있습니다.
・戸締(とじま)りをして寝(ね)ました。 문단속을 하고 잤습니다.

★ 下戸(げこ)의 반대로 술을 잘 마시는 사람, 즉 '술고래'를 이야기할 때도 戸가 들어가는데, 上戸(じょうご)라고 읽습니다.

弓 (활)궁

획수 : 3획
부수 : 弓

きゅう 弓道(きゅうどう) 궁도　洋弓(ようきゅう) 양궁

ゆみ 弓(ゆみ) 활　弓形(ゆみなり) 궁형, 활모양

一 ㄱ 弓

・弓道部(きゅうどうぶ)に入(はい)りました。 궁도부에 들어갔습니다.
・弓(ゆみ)を射(い)ます。 활을 쏩니다.

矢

(화살)시

획수 : 5획
부수 : 矢

ノ 厶 느 午 矢

| し | 一矢(いっし) 한 개의 화살 |
| や | 矢(や) 화살　弓矢(ゆみや／きゅうし) 활과 화살 |

- 一矢を報います。 화살을 되쏩니다.(보복의 의미)
  <small>いっし　むく</small>
- 矢を放ちます。 활을 쏩니다.
  <small>や　はな</small>

★ 汽(き)는 音読(おんよ)みで로만 읽히는 한자입니다. 또한 気(き)와 글자 모양이 비슷하니 쓰기 연습시 주의하세요.

汽

(김)기

획수 : 7획
부수 : 氵

丶 丶 氵 氵 汽 汽 汽

| き | 汽車(きしゃ) 기차　汽笛(きてき) 기적　汽船(きせん) 기선 |

- 汽車に乗って大陸を走ります。 기차를 타고 대륙을 달립니다.
  <small>きしゃ　の　たいりく　はし</small>

船

(배)선

획수 : 11획
부수 : 舟

丶 丿 力 力 角 角
舟 舟ヘ 船 船 船

せん	汽船(きせん) 기선　船舶(せんぱく) 선박
	漁船(ぎょせん) 어선
ふね／ふな	船(ふね) 배　大船(おおぶね) 큰 배
	船酔(ふなよ)い 배멀미

- 船舶会社に勤めています。 선박 회사에 근무하고 있습니다.
  <small>せんぱくがいしゃ　つと</small>
- 船は海で動きます。 배는 바다에서 움직입니다.
  <small>ふね　うみ　うご</small>

台

(토대)대

획수 : 5획
부수 : 口

丶 厶 厶 台 台

| だい／たい | 灯台(とうだい) 등대 |
| | 天文台(てんもんだい) 천문대 |

- 灯台の光りが光っています。 등대 빛이 반짝이고 있습니다.
  <small>とうだい　ひか　ひか</small>

光

(빛)광

획수 : 6획
부수 : 儿

こう 観光(かんこう) 관광 光景(こうけい) 광경

光栄(こうえい) 영광

ひかる／ひかり 光(ひか)る 빛나다 光(ひかり) 빛

し ゛ ⺌ ⺌ 屵 光 光

- 観光ホテルに入社しました。 관광 호텔에 입사했습니다.
- 蛍光灯の光が明るいです。 형광등 빛이 밝습니다.

10 여러 가지 사물 ②

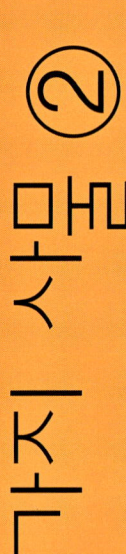

이번 과에서 배울 한자

紙 (종이)지　地 (땅)지　図 (그림)도　電 (전기)전　話 (이야기)화
羽 (깃)우　毛 (털)모　丸 (둥글)환　形 (모양)형　刀 (칼)도

그림으로 익히기

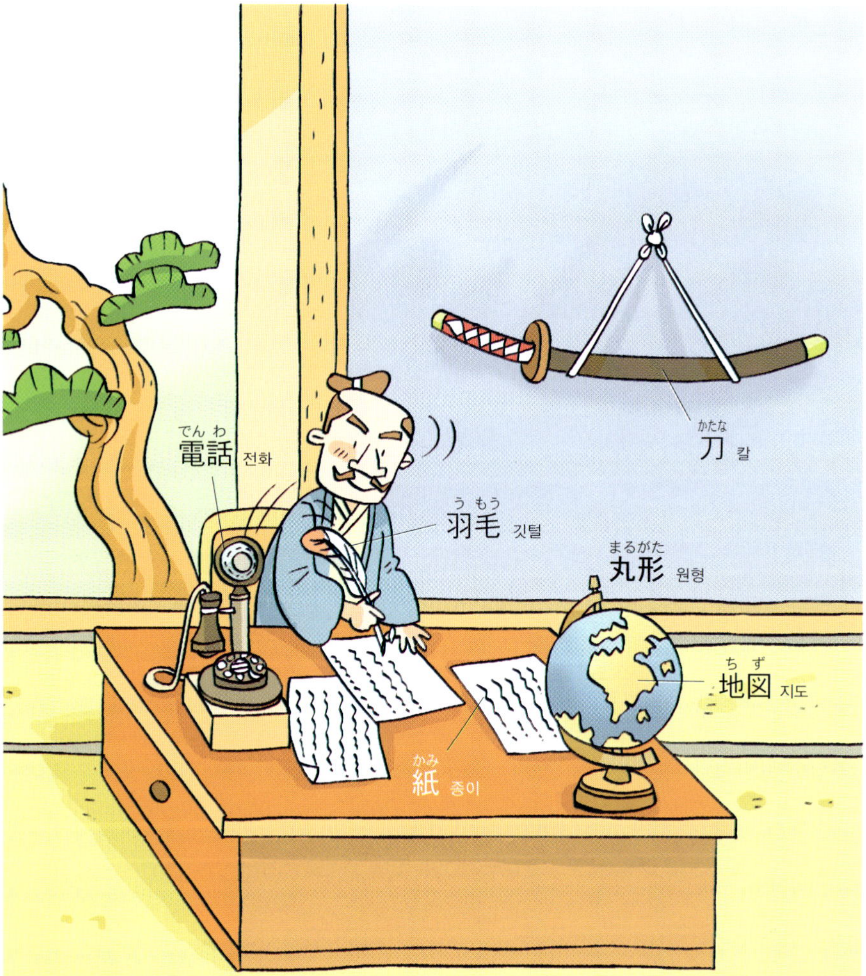

でんわ 電話 전화
かたな 刀 칼
うもう 羽毛 깃털
まるがた 丸形 원형
ちず 地図 지도
かみ 紙 종이

일본 한자는 음독, 훈독에 따라 쓰임이 많이 달라지므로 단어와 예문으로 확실히 익혀 두세요.
획수와 필순, 부수 익히기는 기본!

紙 (종이)지
획수 : 10획
부수 : 糸

し 紙面(しめん) 지면　用紙(ようし) 용지
かみ 手紙(てがみ) 편지

′ ′ ′ ′ ′ ′ 糸
紙 紙 紙 紙

・紙幣しかありません。 지폐밖에 없습니다.
・厚い紙を使ってください。 두꺼운 종이를 사용해 주세요.

地 (땅)지
획수 : 6획
부수 : 土

ち/じ 地球(ちきゅう) 지구　地理(ちり) 지리
土地(とち) 토지　地主(じぬし) 지주

一 十 土 比 地 地

・地球は丸いです。 지구는 둥급니다.

図 (그림)도
획수 : 7획
부수 : 口

ず/と 図形(ずけい) 도형　地図(ちず) 지도　意図(いと) 의도
図書館(としょかん) 도서관
はかる 図(はか)る 도모하다, 꾀하다, 노리다

丨 冂 冂 冈 図 図 図

・地図を見てください。 지도를 봐 주세요.
・利益の増大を図ります。 영업 증대를 노립니다.

電 (전기)전
획수 : 13획
부수 : 雨

でん 電気(でんき) 전기　停電(ていでん) 정전
電圧(でんあつ) 전압　電流(でんりゅう) 전류

一 厂 戸 雨 雨 雨 雨
雷 雷 雷 雷 雷 電

・電気をつけてください。 전기를 켜 주세요.

★ はなし(이야기)라는 명사를 표기할 때에는 보통 話보다는 話し로 많이 표기합니다.

話
(이야기)화
획수 : 13획
부수 : 言

` ゛ ㇌ ㇌ ㇌ 言
言 訐 訐 訐 話 話

わ 対話(たいわ) 대화　会話(かいわ) 회화

話題(わだい) 화제

はなす 話(はな)す 말하다

・韓国のドラマが話題になりました。
かんこく　　　　　　　　　わだい
한국 드라마가 화제가 되었습니다.

・話したいことがあります。 말하고 싶은 것이 있습니다.
はな

★ 羽(う)는 닭, 오리, 새 등의 조류를 셀 때 조수사로 활용되는데, 이 때에는 ～羽(わ)로 발음된다는 것을 주의합시다. 예) 一羽(いちわ:한 마리), 二羽(にわ:두 마리)

106

羽
(깃)우
획수 : 6획
부수 : 羽

㇀ ㇆ ㇆ 羽 羽 羽

う 羽毛(うもう) 우모, 깃털

はね／は 羽(はね) 새털, 깃　羽布団(はねぶとん) 새털 이불

・羽毛で作ったものです。 깃털로 만든 것입니다.
うもう　つく

・羽が生えて飛ぶように売れています。
はね　は　　　と　　　　　　　　　う
날개 돋친 듯 팔리고 있습니다.

毛
(털)모
획수 : 4획
부수 : 毛

㇀ 二 三 毛

もう 毛布(もうふ) 모포　毛髪(もうはつ) 모발

け 毛(け) 털　毛糸(けいと) 털실　毛皮(けがわ) 모피

・毛布をきれいに畳んでください。
もうふ　　　　　たた
모포를 깨끗하게 개어 주세요.

・西洋人は毛深いです。 서양인은 털이 많습니다.
せいようじん　けぶか

丸
(둥글)환
획수 : 3획
부수 : 丶

丿 九 丸

がん 丸薬(がんやく) 환약　弾丸(だんがん) 탄환

砲丸(ほうがん) 포환

まる／まるい／まるめる 丸(まる)ごと 통째　日(ひ)の丸

(まる) 일장기　丸(まる)い 둥글다　丸(まる)める 둥글게 하다

・砲丸投げは陸上きょうぎです。 포환던지기는 육상경기입니다.
ほうがん な　　　りくじょう

・丸ごと暗記してください。 통째로 암기해 주세요.
まる　あんき

形

(모양)형

획수 : 7획
부수 : 彡

けい／ぎょう	形式(けいしき) 형식　形態(けいたい) 형태

形容詞(けいようし) 형용사　人形(にんぎょう) 인형

かた／かたち	形見(かたみ) 기념품, 유품

顔形(かおかたち) 용모　形(かたち) 형태, 형체

一 二 チ 开 形 形 形

・全てが形式的なものです。 모든 것이 형식적인 것입니다.

・丸い形にしてください。 둥근 형태로 해 주세요.

刀

(칼)도

획수 : 2획
부수 : 刀

とう	短刀(たんとう) 단도, 비수
かたな	刀(かたな) 칼　小刀(こがたな) 창칼, 주머니칼

フ 刀

・短刀を身に付けています。 단도를 몸에 지니고 있습니다.

・彼はすばやく刀を抜いた。 그는 재빠르게 칼을 뺐다.

일본 한자는 음독, 훈독에 따라 쓰임이 많이 달라지므로 단어와 예문으로 확실히 익혀 두세요.
획수와 필순, 부수 익히기는 기본!

★ 집을 이야기할 때 家(うち)라고 발음하기도 합니다. いえ라고 할 때는 집의 '건물' 자체를 나타내는 경향이 강하고, うち라고 할 때는 '가정'이라는 뉘앙스가 강합니다.

家 (집)가
획수 : 10획
부수 : 宀

` ` 宀 宀 宀 宀
宀 宇 家 家

- **か** 家族(かぞく) 가족 家庭(かてい) 가정 家門(かもん) 가문
- **いえ／や** 家(いえ) 집 家出(いえで) 가출
  家主(やぬし) 집주인

- 家族と一緒に住んでいます。 가족과 함께 살고 있습니다.
- 家を買いたいです。 집을 사고 싶습니다.

間 (사이)간
획수 : 12획
부수 : 門

| ｢ ｢ ｢ ｢ 門
門 門 門 間 間 間

- **かん／けん** 間接(かんせつ) 간접 間食(かんしょく) 간식
  世間(せけん) 세상 人間(にんげん) 인간
- **あいだ／ま** 間(あいだ) 동안, 사이 間柄(あいだがら) (혈족, 친척)관계 間違(まちが)う 틀리다, 잘못되다

- 彼はあまりにも世間を知りません。
  그는 너무나도 세상을 모릅니다.
- その間は失礼いたしました。 일전에는 실례했습니다.

考 (상고할)고
획수 : 6획
부수 : 耂

一 十 土 耂 耂 考

- **こう** 参考(さんこう) 참고 思考(しこう) 사고
  考慮(こうりょ) 고려
- **かんがえる** 考(かんが)える 생각하다
  考(かんが)え方(かた) 사고방식

- 論文の参考にする資料です。 논문에 참고할 자료입니다.
- 考え方が固い人です。 사고방식이 딱딱한 사람입니다.

国 (나라)국

획수: 8획
부수: 口

| こく | 国内(こくない) 국내　国家(こっか) 국가 |
| くに | 国(くに) 나라, 고향　雪国(ゆきぐに) 설국 |

国 冂 冂 冃 用 国 国 国

・国家間の約束です。　국가 간의 약속입니다.

・お国はどこですか。　고향은 어디입니까?

記 (적을)기

획수: 10획
부수: 言

き	記録(きろく) 기록　記入(きにゅう) 기입
	記載(きさい) 기재　日記(にっき) 일기
しるす	記(しる)す 기록하다

丶 亠 亖 言 言
言 記 記 記

・水泳で世界新記録が出ました。
수영에서 세계신기록이 나왔습니다.

・手帳に出来事を記しています。
수첩에 생긴 일을 적고 있습니다.

当 (마땅할)당

획수: 6획
부수: ⺌

とう	当日(とうじつ) 당일　該当(がいとう) 해당
	当然(とうぜん) 당연　当面(とうめん) 당면
あたる／あてる	当(あ)たる 맞다　当(あ)てる 맞히다

⺌ ⺌ ⺌ 当 当 当

・それは当然なことです。　그것은 당연한 것입니다.

・宝くじが当りました。　복권이 당첨되었습니다.

同 (한가지)동

획수: 6획
부수: 口

どう	同等(どうとう) 동등　同質(どうしつ) 동질
	同時(どうじ) 동시
おなじ	同(おな)じだ 같다

丨 冂 冂 同 同 同

・みんなで同時に入ってください。
모두 동시에 들어가 주세요.

・それは同じものです。　그것은 같은 것입니다.

★ 同(どう)는 삼수변이 있는 洞(どう)와 글자모양이 흡사하므로 구분해서 익히도록 하세요. 洞(どう)는 '고을 동' 입니다.

그 밖의 한자 익히기

109

★ 理(り)도 역시 音読(おんよ)み로만 읽히는 한자입니다.

理
(다스릴)리
획수 : 11획
부수 : 王

一 T F 王 玑 玑
珅 玾 玾 珅 理

り 経理(けいり) 경리　処理(しょり) 처리
整理(せいり) 정리　理論(りろん) 이론

りろん じっせん ちが
・理論と実戦は違います。 이론과 실전은 다릅니다.

万
(일만)만
획수 : 3획
부수 : 一

一 フ 万

まん／ばん 万(まん) 만　万能(ばんのう) 만능
万歳(ばんざい) 만세　万国(ばんこく) 만국
万全(ばんぜん) 만전

いちまんえん
・これは一万円です。 이것은 1만 엔입니다.

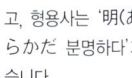

★ 明(めい)의 한자가 사용되는 동사로는 '明(あ)かす 밝히다'가 있고, 형용사는 '明(あき)らかだ 분명하다'가 있습니다.

明
(밝을)명
획수 : 8획
부수 : 日

丨 冂 冃 日
日） 明 明 明

めい 説明(せつめい) 설명　発明(はつめい) 발명
明確(めいかく) 명확
あかるい 明(あか)るい 밝다

めいかく い
・明確に言ってください。 명확하게 말해 주세요.
かのじょ せいかく あか
・彼女の性格は明るいです。 그녀의 성격은 밝습니다.

★ 思(おも)う의 높임말로 思(おぼ)す라고 발음되는 경우도 있는데 잘 쓰이지 않는 고어이니 참고로만 알아두세요.

思
(생각할)사
획수 : 9획
부수 : 心

丶 口 田 田 田 思
思 思 思

し 思想(しそう) 사상　思考(しこう) 사고　意思(いし) 의사
おもう 思(おも)う 생각하다

いし かた
・意思が固いです。 의지가 확고합니다.
にほんご おも やさ
・日本語は思ったより易しいです。
일본어는 생각한 것보다 쉽습니다.

110

細 (가늘)세

획수: 11획
부수: 糸

さい 詳細(しょうさい) 상세 微細(びさい) 미세

ほそい／ほそる／こまかい／こまか 細(ほそ)い 가늘다

細(こま)かい 작다, 잘다

細 細 細 細 細 細
細 細 細 細 細

- 詳細な説明をしてください。 상세한 설명을 해주세요.
  (しょうさい　せつめい)

- 針は細いです。 바늘은 가늘다.
  (はり　ほそ)

午 (낮)오

획수: 4획
부수: 十

ご 午前(ごぜん) 오전 午後(ごご) 오후 正午(しょうご) 정오

★ 午(ご)는 牛(うし)와 모양이 흡사하므로 쓰기 연습시 주의해서 익혀두세요.

午 午 午 午

- 午前中に行きます。 오전 중에 가겠습니다.
  (ごぜんちゅう　い)

用 (쓸)용

획수: 5획
부수: 用

よう 日用品(にちようひん) 일용품 実用(じつよう) 실용
利用(りよう) 이용 作用(さよう) 작용 用件(ようけん) 용건
用事(ようじ) 볼일

もちいる 用(もち)いる 이용하다

月 刀 月 月 用

- 明日は用事があります。 내일은 볼일이 있습니다.
  (あした　ようじ)

- 何かを用いてやります。 무언가를 이용해서 합니다.
  (なに　もち)

元 (근원)원

획수: 4획
부수: 儿

げん／がん 紀元前(きげんぜん) 기원전 根元(こんげん)
근원 元首(げんしゅ) 원수 元素(げんそ) 원소
元旦(がんたん) 원단, 설날(아침)

もと 家元(いえもと) 본가 元々(もともと) 원래, 본디

元 元 元 元

- 一年の計は元旦にあり。 일년지계는 원단에 있다.
  (いちねん　けい　がんたん)

- 彼は元々、性格がいい人です。
  (かれ　もともと　せいかく　ひと)
  그는 원래 성격이 좋은 사람입니다.

引

(당길)인
획수 : 4획
부수 : 弓

ㄱ ㄱ 弓 引

いん 引力(いんりょく) 인력　引率(いんそつ) 인솔

引用(いんよう) 인용

ひく／ひける 引(ひ)く 빼다　引(ひ)ける 일과가 끝나다, 마음

이 내키지 않다, 주눅들다　引(ひ)っ張(ぱ)る 끌어당기다

- 論文に引用したいです。 논문에 인용하고 싶습니다.
  <small>ろんぶん　いんよう</small>

- 3から2を引くと1になります。
  <small>ひ</small>
  3에서 2를 빼면 1이 됩니다.

才

(재주)재
획수 : 3획
부수 : 才

一 十 才

さい 才能(さいのう) 재능　天才(てんさい) 천재

才媛(さいえん) 재원

- 才能がある人です。 재능 있는 사람입니다.
  <small>さいのう　　ひと</small>

112

知

(알)지
획수 : 8획
부수 : 矢

ノ ㇉ ㇉ 矢
矢 知 知 知

ち 知人(ちじん) 지인　知名度(ちめいど) 지명도

しる 知(し)る 알다

- 日本に知人がいます。 일본에 지인이 있습니다.
  <small>に ほん　ち じん</small>

- あの人は知りません。 저 사람은 모르겠습니다.
  <small>ひと　し</small>

★ 이 밖에 '곧바로'의
의미로 사용되는 訓読
(くんよ)みで, 直(た
だ)ちに가 있습니다.

直

(곧을)직
획수 : 8획
부수 : 目

一 十 十 亣
亣 直 直 直

ちょく／じき 直接(ちょくせつ) 직접　直後(ちょくご)

직후　直言(ちょくげん) 직언　正直(しょうじき) 정직

なおす／なおる 直(なお)す 바로잡다　直(なお)る 바로잡히다

- 直接、行ってください。 직접 가세요.
  <small>ちょくせつ　い</small>

- 姿勢を直してください。 자세를 고쳐 주세요.
  <small>し せい　なお</small>

晴

(맑을)청

획수 : 12획

부수 : 日

せい 快晴(かいせい) 괘청 晴天(せいてん) 푸른 하늘

はれる／はらす 晴(は)れ 날씨가 갬, 맑음

気晴(きば)らし 기분 전환

- 快晴(かいせい)の天気(てんき)です。 괘청한 날씨입니다.
- 今日(きょう)は晴(は)れました。 오늘은 맑았습니다.

通

(통할)통

획수 : 10획

부수 : ⻌

つう／つ 共通(きょうつう) 공통 通学(つうがく) 통학

開通(かいつう) 개통 通信(つうしん) 통신

とおる／とおす／かよう 通(とお)る 지나다

通(とお)す 통과시키다 通(かよ)う 다니다

★ お通夜(つや)는 불당이나 상가집에서 밤 새우는 일을 뜻합니다.

- トンネルが開通(かいつう)しました。 터널을 개통했습니다.
- この道(みち)を通(とお)って学校(がっこう)に行(い)きます。
  이 길을 통해서 학교에 갑니다.

何

(어찌)하

획수 : 7획

부수 : 亻

か 如何(いか)なる 어떠한 幾何学(きかがく) 기하학

なに／なん 何者(なにもの) 어떤 사람, 누구

何人(なんにん) 몇 명

- 如何(いか)なることがあっても行(い)きません。
  어떤 일이 있더라도 가지 않습니다.
- 何(なに)をしていますか。 무엇을 하고 있습니까?

合

(합할)합

획수 : 6획
부수 : 口

ノ 人 人 合 合 合

ごう／がっ／かっ 合格(ごうかく) 합격

合併(がっぺい) 합병　合戦(かっせん) 전투, 접전

あう／あわす／あわせる 合(あ)う 합하다, 일치하다

合(あ)わせる(=合わす) 만나게 하다, 대면시키다

・東京大学に合格しました。 도쿄 대학에 합격했습니다.
　とうきょうだいがく　　ごうかく

・二人の意見が合いました。 두 사람의 의견이 맞았습니다.
　ふたり　　いけん　あ

活

(살)활

획수 : 9획
부수 : 氵

シ シ シ 汗 汗
活 活 活

かつ 活動(かつどう) 활동　復活(ふっかつ) 부활

活用(かつよう) 활용　活気(かっき) 활기

活発(かっぱつ) 활발

・活発な活動で忙しい毎日です。
　かっぱつ　かつどう　いそが　まいにち

　활발한 활동으로 바쁜 매일입니다.

114

回

(돌아올)회

획수 : 6획
부수 : 口

１ 冂 冂 回 回 回

かい／え 回転(かいてん) 회전　回数(かいすう) 회수

回覧(かいらん) 회람　回向(えこう) 회향(불공을 드려 죽은 이의 명
복을 빎)

まわる／まわす 回(まわ)る 돌다　回(まわ)す 돌리다

・回転寿司が流行っています。 회전초밥이 유행하고 있습니다.
　かいてんずし　　はや

・目がくるくる回っています。 눈이 뱅글뱅글 돌고 있습니다.
　め　　　　　まわ

동음이의어

한자 중에는 音読(おんよ)み나 訓読(くんよ)み가 같은 것, 즉 동음이의어가 있습니다. 이러한 한자들은 의미에 따라 구분해 주는 요령이 필요합니다. 여기서는 1학년에서 3학년까지의 한자에서 音読(おんよ)み, 즉 음독이 같은 한자들을 알아 봅시다.

★音読(おんよ)み가 같은 한자들

● 1학년

か 火／花
か さい
火災 화재
か ふんしょう
花粉症 화분증

けん 犬／見
あいけん
愛犬 애견
けんぶつ
見物 구경

し 子／糸
し そん
子孫 자손
めん し
綿糸 면사

せい 正／青
せいそう
正装 정장
せいしゅん
青春 청춘

せき 石／赤
せき ゆ
石油 석유
せきじゅうじ
赤十字 적십자

せん 千／先／川
せん り
千里 천리
せんとう
先頭 선두
か せん
河川 하천

せき 夕／石
ちょうせき
朝夕 조석
せきたん
石炭 석탄

もく 木／目
もくよう び
木曜日 목요일
もくぜん
目前 목전

● 2학년

えん 園／遠
こうえん
公園 공원
えんきょり
遠距離 원거리

か 何／家／歌
い か
如何なる 어떠한
か ぞく
家族 가족
か しゅ
歌手 가수

かい 回／会

回転 회전　　会議 회의

かい 海／絵

海外 해외　　絵画 회화

がん 岩／顔

岩石 암석　　顔面 안면

き 記／帰

記録 기록　　復帰 복귀

きょう 京／兄

東京 도쿄　　兄弟 형제

げん 元／言

紀元前 기원전　　言動 언동

こ 戸／古

戸籍 호적　　古跡 고적

ご 後／語

前後 전후　　語学 어학

こう 広／光／考／工／交／行／高／

公

広告 광고　　観光 관광

考察 고찰　　工学 공학

交流 교류　　行動 행동

高校 고교　　公務 공무

こく 谷／黒

渓谷 계곡　　黒板 칠판

し 止／矢／思／市／姉／紙

停止 정지　　弓矢 궁시

思想 사상　　市内 시내

姉妹 자매　　日刊紙 일간지

じ 寺／時

寺院 사원　　時刻表 시간표

しゅう 秋／週

秋期 추기　　週末 주말

しょく 色／食

白色 백색　　飲食店 음식점

しん 新／親

新人 신인　　親密 친밀

せい 星／晴

北極星 북극성　　晴天 청천

せん 船／線

遊覧船 유람선　　実線 실선

ち 地／池

地理 지리　　貯水池 저수지

ちょう 長／鳥／朝

身長 신장　　鳥類 조류

朝食 조식

てん 店／点

店舗 점포　　点数 점수

とう 刀／東／冬／当／答／頭

短刀 단도　　東北 동북

冬季 <ruby>とうき</ruby> 동계　　当選 <ruby>とうせん</ruby> 당선
答案用紙 <ruby>とうあんようし</ruby> 답안용지　　頭骨 <ruby>とうこつ</ruby> 두골

どう 同／道
同時 <ruby>どうじ</ruby> 동시　　道路 <ruby>どうろ</ruby> 도로

めい 明／鳴
清明 <ruby>せいめい</ruby> 청명　　悲鳴 <ruby>ひめい</ruby> 비명

➡ 3학년 (이 부분은 3학년 한자를 끝낸 후 보세요.)

い 医／委
医院 <ruby>いいん</ruby> 의원　　委員 <ruby>いいん</ruby> 위원

いん 員／院／飲
社員 <ruby>しゃいん</ruby> 사원　　病院 <ruby>びょういん</ruby> 병원
飲食店 <ruby>いんしょくてん</ruby> 음식점

おう 央／横
中央 <ruby>ちゅうおう</ruby> 중앙　　横断 <ruby>おうだん</ruby> 횡단

かん 寒／感／漢／館
厳寒 <ruby>げんかん</ruby> 엄한　　感動 <ruby>かんどう</ruby> 감동
漢文 <ruby>かんぶん</ruby> 한문　　別館 <ruby>べっかん</ruby> 별관

き 起／期
起立 <ruby>きりつ</ruby> 기립　　期間 <ruby>きかん</ruby> 기간

きゅう 究／級／宮／急／球
究明 <ruby>きゅうめい</ruby> 구명　　等級 <ruby>とうきゅう</ruby> 등급
宮殿 <ruby>きゅうでん</ruby> 궁전　　緊急 <ruby>きんきゅう</ruby> 긴급
野球 <ruby>やきゅう</ruby> 야구

きょく 曲／局
新曲 <ruby>しんきょく</ruby> 신곡　　局長 <ruby>きょくちょう</ruby> 국장

く 区／苦
区別 <ruby>くべつ</ruby> 구별　　苦痛 <ruby>くつう</ruby> 고통

けつ 血／決
輸血 <ruby>ゆけつ</ruby> 수혈　　結論 <ruby>けつろん</ruby> 결론

けん 県／研
県庁 <ruby>けんちょう</ruby> 현청　　研究 <ruby>けんきゅう</ruby> 연구

こう 幸／港
幸福 <ruby>こうふく</ruby> 행복　　港湾 <ruby>こうわん</ruby> 항만

し 仕／死／使／始／指／歯／詩
仕事 <ruby>しごと</ruby> 일　　必死 <ruby>ひっし</ruby> 필사
使命 <ruby>しめい</ruby> 사명　　開始 <ruby>かいし</ruby> 개시
指摘 <ruby>してき</ruby> 지적　　歯科 <ruby>しか</ruby> 치과
詩人 <ruby>しじん</ruby> 시인

じ 次／事／持
次回 <ruby>じかい</ruby> 다음 번　　時事 <ruby>じじ</ruby> 시사
持病 <ruby>じびょう</ruby> 지병

しゅ 守／取／酒
守備 <ruby>しゅび</ruby> 수비　　取得 <ruby>しゅとく</ruby> 취득
飲酒 <ruby>いんしゅ</ruby> 음주

しゅう 拾／終／習
拾得 <ruby>しゅうとく</ruby> 습득　　最終 <ruby>さいしゅう</ruby> 최종
学習 <ruby>がくしゅう</ruby> 학습

しょう 昭／消／商／勝
昭和 <ruby>しょうわ</ruby> 쇼와(일본의연호)　　消滅 <ruby>しょうめつ</ruby> 소멸
商売 <ruby>しょうばい</ruby> 장사　　圧勝 <ruby>あっしょう</ruby> 압승

しん 申／身／神／真／深／進

申告 신고 心身 심신
しんこく   しんしん

精神 정신 真実 진실
せいしん   しんじつ

水深 수심 進展 진전
すいしん   しんてん

せい 世／整／晴

時世 시세 整理 정리
じ せい   せいり

快晴 쾌청
かいせい

そう 相／想／送

相場 시세 想像 상상
そう ば   そうぞう

運送 운송
うんそう

そく 息／速

嘆息 탄식 時速 시속
たんそく   じ そく

だい 代／題

代名詞 대명사 話題 화제
だいめいし   わ だい

たん 炭／短

炭素 탄소 短期 단기
たん そ   たん き

ちゅう 注／柱

注意 주의 電柱 전주
ちゅう い   でんちゅう

ちょう 丁／調／帳

包丁 부엌칼 調理 조리
ほうちょう   ちょう り

帳簿 장부
ちょう ぼ

とう 島／湯／登／等

半島 반도 給湯 급탕
はんとう   きゅうとう

登記 등기 優等 우등
とう き   ゆうとう

どう 動／童

動物 동물 児童 아동
どうぶつ   じ どう

はん 反／板

反論 반론 合板 합판
はんろん   ごうはん

ひ 皮／悲

皮膚 피부 悲哀 비애
ひ ふ   ひ あい

ゆう 有／遊

有効 유효 遊覧 유람
ゆうこう   ゆうらん

よう 羊／葉／陽／様

羊毛 양모 落葉樹 낙엽수
ようもう   らくようじゅ

太陽 태양 模様 모양
たいよう   も よう

3학년이 배우는 한자

3학년에서는 200자를
배우게 돼요!!

이번 과에서 배울 한자

反 (돌이킬)반   対 (마주볼)대   軽 (가벼울)경   重 (무거울)중   寒 (찰)한
暑 (더울)서

그림으로 익히기

일본 한자는 음독, 훈독에 따라 쓰임이 많이 달라지므로 단어와 예문으로 확실히 익혀 두세요.
획수와 필순, 부수 익히기는 기본!

反

(돌이킬)반

획수 : 4획
부수 : 又

ㄱ ㄏ 万 反

はん／ほん／たん 違反(いはん) 위반 反対(はんたい)
반대 反復(はんぷく) 반복 謀反(むほん) 모반
反物(たんもの) 포목, 직물

そる／そらす 反(そ)る 휘다, 뒤로 젖혀지다
反(そ)らす 뒤로 젖히다

・交通ルールを違反する車が目立ちます。
교통법규를 위반하는 차가 눈에 뜨입니다.

・本の表紙が反っています。 책 표지가 휘어 있습니다.

対

(마주볼)대

획수 : 7획
부수 : 寸

' ㄔ ㄘ ㄱ ㄱ 対 対

たい／つい 応対(おうたい) 응대 対抗(たいこう) 대항
対談(たいだん) 대담 一対(いっつい) 한 쌍, 한 벌

・電話の応対は親切にしなければなりません。
전화응대는 친절하게 하지 않으면 안 됩니다.

軽

(가벼울)경

획수 : 12획
부수 : 車

ㄱ ㄑ ㄒ ㄱ ㄱ 亘
車 車 軒 軽 軽 軽

けい 軽快(けいかい) 경쾌 軽挙(けいきょ) 경거
軽視(けいし) 경시

かるい／かろやか 軽(かる)い 가볍다 軽(かろ)やか 경쾌함

・人を軽視してはいけません。 사람을 경시해서는 안 됩니다.

・軽く考えてください。 가볍게 생각하세요.

重

(무거울)중

획수 : 9획
부수 : 里

一 二 千 千 台 台 重 重 重

じゅう／ちょう 重量(じゅうりょう) 중량 重量挙(じゅうりょうあ)げ 역도 無重力(むじゅうりょく) 무중력

貴重(きちょう) 귀중

おもい／かさねる／かさなる 重(おも)い 무겁다

重(かさ)ねる 겹치다, 포개다 重(かさ)なる 포개어지다, 거듭되다

・重量挙げの大会に出ます。 역도 대회에 나갑니다.

・重い物を持たないでください。 무거운 물건을 들지 마세요.

寒

(찰)한

획수 : 12획
부수 : 宀

一 宀 宀 宀 宀 宀 宀 宀 寒 寒 寒 寒

かん 寒暑(かんしょ) 한서 寒波(かんぱ) 한파

厳寒(げんかん) 엄한

さむい 寒(さむ)い 춥다

・寒波で全てのものが凍りました。
한파로 모든 것이 얼었습니다.

・寒い冬に彼女と別れました。
추운 겨울에 그녀와 헤어졌습니다.

★ 暑(あつ)い와 같은 訓読(くんよ)みに '熱(あつ)い 뜨겁다'와 '厚(あつ)い 두껍다'가 있습니다. 구분해서 익혀 두세요.

暑

(더울)서

획수 : 12획
부수 : 日

丶 冂 冂 日 旦 早 旦 昇 昇 昊 暑 暑 暑

しょ 残暑(ざんしょ) 잔서, 늦더위 避暑(ひしょ) 피서

あつい 暑(あつ)い 덥다

・友達と避暑に行きました。 친구와 피서를 갔습니다.

・今年の夏はとても暑かったです。
올해 여름은 매우 더웠습니다.

★부수 이름 알기 ⑧

9획

부수	이름	일본이름
面	낯면	めん
革	가죽혁	かわへん
音	소리음	おと
頁	머리혈	おおがい
風	바람풍	かぜ
飛	날비	とぶ
食	밥식	しょくへん
首	머리수	くび

10획

부수	이름	일본이름
馬	말마	うまへん
骨	뼈골	ほねへん
高	높을고	たかい

11획

부수	이름	일본이름
魚	고기어	うおへん
鳥	새조	とりへん
黃	누를황	き
黑	검을흑	くろ

12획

부수	이름	일본이름
齒	소금밭로	は

14획

부수	이름	일본이름
鼻	코비	はな

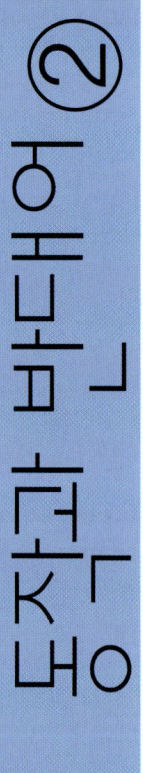

이번 과에서 배울 한자

去 (갈)거   返 (돌아올)반   助 (도울)조   拾 (주울)습   持 (가질)지

起 (일어날)기   開 (열)개   登 (오를)등   落 (떨어질)락

그림으로 익히기

お
落ちる 떨어지다

お
起きる 일어나다

も
持っている 가지고 있다

て だす
手助け 도움, 거듦

のぼ
登る 오르다

かね ひろ
お金を拾う 돈을줍다

ば さ
その場を去る
그 자리를 뜨다

ふ かえ
振り返る
돌아보다

あ
ドアを開ける
문을열다

한자 익히기

일본 한자는 음독, 훈독에 따라 쓰임이 많이 달라지므로 단어와 예문으로 확실히 익혀 두세요.
획수와 필순, 부수 익히기는 기본!

★ 이외의 音読(おん よ)미로 去(こ)로 발음 되는 경우가 있습니다. 예를 들면 過去(かこ: 과거)와 같은 단어가 있 습니다.

去 (갈)거
획수 : 5획
부수 : ム

一 十 土 去 去

きょ	去年(きょねん) 작년 除去(じょきょ) 제거
	退去(たいきょ) 퇴거
さる	去(さ)る 떠나다

・それは去年のことです。 그것은 작년 일입니다.
　　　　きょねん

・遠くに去って行きました。 멀리 떠나갔습니다.
　とお　　さ　　　い

返 (돌아올)반
획수 : 7획
부수 : ⻌

一 厂 厂 反 反 返 返

へん	返却(へんきゃく) 반환 返事(へんじ) 답변
かえす／かえる	返(かえ)す 되돌려주다 返(かえ)る 돌아오다

・返事をしてください。 대답을 해 주세요.
　へんじ

・土曜日までに返してください。 토요일까지 되돌려 주세요.
　どようび　　　　かえ

★ すけ는 보통, 사람 이름에 쓰입니다.

助 (도울)조
획수 : 7획
부수 : 力

丨 冂 月 月 助 助 助

じょ	賛助(さんじょ) 찬조 助手(じょしゅ) 조수
	助言(じょげん) 조언 助力(じょりょく) 조력
たすける／たすかる／だすけ／すけ	助(たす)ける 돕다
	助(たす)かる 도움이 되다, 달아나다 手助(てだす)け 도움, 거듦
	助(すけ)っ人(と) 보조하여 돕는 사람

・はげましの助言で勇気を出しました。
　　　　　　じょげん　ゆうき　だ
　격려의 조언으로 용기를 냈습니다.

・助けてください。 도와 주세요.
　たす

拾 (주울)습
획수 : 9획
부수 : 扌

一 十 扌 扌 扒
扒 扲 拾 拾

しゅう 拾得(しゅうとく) 습득

ひろう 拾(ひろ)う 줍다　拾(ひろ)い物(もの) 습득물

・忘れ物を拾得しました。 잊은 물건을 습득했습니다.

・拾ったものは返してください。 주은 물건은 돌려주세요.

持 (가질)지
획수 : 9획
부수 : 扌

一 十 扌 扌 扗 扗
扜 持 持

じ 所持(しょじ) 소지　持続(じぞく) 지속

持病(じびょう) 지병

もつ 持(も)つ 가지다

・パスポートを所持してください。 여권을 소지해 주세요.

・持っているお金が足りません。 갖고 있는 돈이 부족합니다.

起 (일어날)기
획수 : 10획
부수 : 走

一 十 土 キ キ 走
走 起 起 起

き 起床(きしょう) 기상　起立(きりつ) 기립

おきる／おこる／おこす 起(お)きる 일어나다

起(お)こす 일으키다　起(お)こる 일어나다

・みんな起立してください。 모두 기립해 주세요.

・起きる時間が遅いです。 일어나는 시간이 늦습니다.

開 (열)개
획수 : 12획
부수 : 門

丨 冂 冂 冃 冃 門
門 門 門 閂 開 開

かい 開店(かいてん) 개점　展開(てんかい) 전개

ひらく／ひらける／あく／あける 開(ひら)く 열다

開ける(ひらける) 열리다　開(あ)く 열리다　開(あ)ける 열다

・この店は今日開店しました。 이 가게는 오늘 개점했습니다.

・自動とびらが開きました。 자동문이 열렸습니다.

登

(오를)등

획수 : 12획
부수 : 癶

とう／と 登場(とうじょう) 등장 登校(とうこう) 등교

登録(とうろく) 등록 登山(とざん) 등산

のぼる 登(のぼ)る 오르다

フ ヲ ブ ガ パ 癶
癶 癶 登 登 登 登

・登校しない小学生が多いです。
とうこう　　　　しょうがくせい　おお

등교하지 않는 초등학생이 많습니다.

・高い山に登ります。 높은 산에 오릅니다.
たか　やま　のぼ

落

(떨어질)락

획수 : 12획
부수 : 艹

らく 下落(げらく) 하락 落葉(らくよう) 낙엽

落書(らくが)き 낙서

おちる／おとす 落(お)ちる 떨어지다 落(お)とす 떨어뜨리다

落 落 落 落 茖 茖
茖 莎 茨 茨 落 落

・壁に落書きをしました。 벽에 낙서를 했습니다.
かべ　らくが

・大学の試験に落ちました。 대학시험에 떨어졌습니다.
だいがく　　しけん　お

이번 과에서 배울 한자

神 (귀신)신	宮 (대궐)궁	寫 (베낄)사	真 (참)진	湖 (호수)호
岸 (언덕)안	旅 (여행할)여	館 (객사)관	期 (기약할)기	待 (기다릴)대
消 (사라질)소	息 (숨쉴)식	終 (끝)종	着 (입을)착	駅 (역말)역
始 (처음)시	発 (필)발			

그림으로 익히기

しはつ でんしゃ
始発の電車
시발 전차

しゅうちゃくえき
終着駅 종착역

じんぐう
神宮
신사

しゃしん と
写真を撮る
사진을 찍다

こ がん
湖岸 호안

りょかん
旅館 여관

き たい
期待する 기대하다

しょうそく
消息 소식

한자 익히기

일본 한자는 음독, 훈독에 따라 쓰임이 많이 달라지므로 단어와 예문으로 확실히 익혀 두세요.
획수와 필순, 부수 익히기는 기본!

神 (귀신)신
획수 : 9획
부수 : ネ

しん／じん 神経(しんけい) 신경　精神(せいしん) 정신
神社(じんじゃ) 신사

かみ／かん／こう 神様(かみさま) 하느님, 신
神田(かんだ) 간다(지명)　神戸(こうべ) 고베(지명)

神 ラ ネ ネ ネ 初
祀 祀 神

・精神力が弱くなりました。 정신력이 약해졌습니다.
・お客様は神様です。 손님은 신(왕)입니다.

宮 (대궐)궁
획수 : 10획
부수 : 宀

きゅう／く／ぐう 王宮(おうきゅう) 왕궁　宮殿(きゅうでん) 궁전　宮内庁(くないちょう) 궁내청(황실 사무 관리청)
神宮(じんぐう) 신사

みや 宮様(みやさま) 황족에 대한 높임말

宀 宀 宁 宁 宇 宇
宮 宮 宮 宮

・昔の宮殿が残されています。 옛 궁전이 남겨져 있습니다.
・お宮参りをしました。 신사 참배를 했습니다.

写 (베낄)사
획수 : 5획
부수 : 冖

しゃ 映写(えいしゃ) 영사　写真(しゃしん) 사진
写本(しゃほん) 사본　複写(ふくしゃ) 복사

うつす／うつる 写(うつ)す 베끼다, 복사하다
写(うつ)る (사진에) 찍히다

冖 冖 冗 写 写

・写真を撮ってください。 사진을 찍어 주세요.
・ノートを写します。 노트를 베낍니다.

★ 이외에 '(사진이) 찍히다/(속이) 비치다'의 의미인 동사로 활용될 경우에는 写(うつ)る로 발음됩니다.

真 (참)진
획수 : 10획
부수 : 目

一 十 广 古 青 青
直 直 真 真

しん 写真(しゃしん) 사진　真実(しんじつ) 진실
真意(しんい) 진의　真理(しんり) 진리
ま 真面目(まじめ) 성실

・真実を隠さないでください。 진실을 숨기지 마세요.
・真面目な学生です。 성실한 학생입니다.

湖 (호수)호
획수 : 12획
부수 : 氵

丶 氵 氵 氵 汁 浒
沽 沽 湖 湖 湖 湖

こ 湖畔(こはん) 호반　琵琶湖(びわこ) 비와호
みずうみ 湖(みずうみ) 호수

・琵琶湖は滋賀県にあります。 비와호는 시가현에 있습니다.
・日本で一番大きい湖は琵琶湖です。
일본에서 가장 큰 호수는 비와호입니다.

岸 (언덕)안
획수 : 8획
부수 : 山

丶 屮 屮 屮
户 户 岸 岸

がん 海岸(かいがん) 해안
きし 岸(きし) 물가　川岸(かわぎし) 강기슭, 강변
岸辺(きしべ) 해안, 강변

・海岸に沿って汽車が走っています。
해안을 따라 기차가 달리고 있습니다.
・岸辺に船が停泊しています。 해안에 배가 정박하고 있습니다.

旅 (여행할)여
획수 : 10획
부수 : 方

丶 亠 亍 方 が がˊ
扩 扩 扩 旅

りょ 旅行(りょこう) 여행　旅館(りょかん) 여관
旅程(りょてい) 여정
たび 旅(たび) 여행　旅人(たびびと) 나그네, 여행자

・安い旅館に泊まりました。 싼 여관에 묵었습니다.
・旅行の中では一人旅の楽しみが最高です。
여행 중에서는 혼자하는 여행의 즐거움이 최고입니다.

館 (객사)관
획수 : 16획
부수 : 食

かん 公館(こうかん) 공관　図書館(としょかん) 도서관
旅館(りょかん) 여관

ノ 个 个 今 今 今 貪 貪
貪 貪 館 館 館 館 館 館

・新しい図書館を建てました。새로운 도서관을 세웠습니다.

期 (기약할)기
획수 : 12획
부수 : 月

き 延期(えんき) 연기　期間(きかん) 기간
期待(きたい) 기대　思春期(ししゅんき) 사춘기
時期(じき) 시기

一 艹 艹 甘 甘 其 其
其 其 期 期 期 期

・試合が延期されました。시합이 연기되었습니다.

★ 이 밖에 期(き)는 音
読(おんよ)미로 'ご'로
도 읽히는데 예를 들면
'末期(まつご)·最期
(さいご) 최후, 임종' 등
의 단어가 있습니다.

待 (기다릴)대
획수 : 9획
부수 : 彳

たい 待機(たいき) 대기　待遇(たいぐう) 대우
接待(せったい) 접대
まつ 待(ま)つ 기다리다

彳 彳 彳 彳 彳
彳 待 待 待

・待遇が悪くて辞めました。대우가 나빠서 그만두었습니다.
・ちょっと待ってください。잠시 기다려 주세요.

消 (사라질)소
획수 : 10획
부수 : 氵

しょう 解消(かいしょう) 해소　消灯(しょうとう) 소등
消火器(しょうかき) 소화기　消滅(しょうめつ) 소멸
けす／きえる 消(け)す 끄다　消(き)える 꺼지다, 사라지다

氵 氵 消 消 消 消
氵 消 消 消

・消灯時間になりました。소등시간이 되었습니다.
・電気を消してください。전기를 꺼 주세요.

息

(숨쉴)식

획수 : 10획
부수 : 心

`ノ イ 竹 白 白 自`
`自 息 息 息`

そく　終息(しゅうそく) 종식　喘息(ぜんそく) 천식

嘆息(たんそく) 탄식

いき　息(いき) 숨, 호흡　息巻(いきま)く 기염을 토하다

・もう戦争は終息しました。 이제 전쟁은 종식되었습니다.
・大きく息を吸います。 크게 숨을 쉽니다.

終

(끝)종

획수 : 11획
부수 : 糸

`ノ ㄠ ㄠ 糸 糸 糸`
`糸 紀 終 終 終`

しゅう　最終(さいしゅう) 최종　終日(しゅうじつ) 종일

終身(しゅうしん) 종신　終末(しゅうまつ) 종말, 말세

おわる／おえる　終(お)わる 끝나다　終(お)える 끝내다

・最終的に反対しました。 최종적으로 반대했습니다.
・全てのことが終わりました。 모든 것이 끝났습니다.

★ 着(き)る는 '물건을
베다, 자르다'라는 뜻인
切(き)る와 음이 같습
니다. 두 글자 모두 빈도
수가 높은 한자이므로 확
실하게 구분해서 익혀 두
세요.

着

(입을)착

획수 : 12획
부수 : 羊

`ノ ㇐ ㇐ ㇐ 半 羊`
`羊 羊 着 着 着 着`

ちゃく／じゃく　愛着(あいちゃく) 애착　到着(とうちゃく) 도착　定着(ていちゃく) 정착　付着(ふちゃく) 부착

執着(しゅうちゃく／しゅうじゃく) 집착

きる／きせる／つく／つける　着(き)る 입다

着(き)せる 입히다　着(つ)く 도착하다　着(つ)ける 붙히다

・日本に定着して住んでいます。
일본에 정착해서 살고 있습니다.
・空港に着きました。 공항에 도착했습니다.

★ 이외에도 訓読(くん
よ)み로 駅(うまや:
역참)이라는 단어가 있
지만 현대어에서는 활용
빈도수가 적으니 참고 정
도로만 알아두세요.

駅

(역말)역

획수 : 14획
부수 : 馬

`ー ㇉ ㇏ ㇏ 馬 馬`
`馬 馬 馬 馬 駅 駅 駅`

えき　駅前(えきまえ) 역앞　駅員(えきいん) 역원

駅舎(えきしゃ) 역사

・駅員に切符を出してください。 역원에게 표를 내 주세요.

132

始 (처음)시
획수 : 8획
부수 : 女

し	開始(かいし) 개시　原始(げんし) 원시　始発(しはつ) 첫차
	年始(ねんし) 연시
はじめる／はじまる	始(はじ)める 시작하다
	始(はじ)まる 시작되다

く　ㄥ　女　女
女ㄱ 女ㄱ 始 始

・始発の電車に乗ります。첫 출발하는 전철을 탑니다.

・始める前に確認します。시작하기 전에 확인하겠습니다.

★ 이외에 '출발하다, 떠나다'의 의미로 発(た)つ를 사용하기도 합니다.

発 (필)발
획수 : 9획
부수 : 癶

はつ／ほつ	発電(はつでん) 발전(전기를 일으킴)
	発展(はってん) 발전　発射(はっしゃ) 발사
	発車(はっしゃ) 발차　出発(しゅっぱつ) 출발
	発足(ほっそく／はっそく) 발족　発作(ほっさ) 발작

ア　ア　ブ　癶　癶　癶
癶ㄱ 癶ㄱ 発

・さあ、出発してください。자, 출발해 주세요.

이번 과에서 배울 한자

病 (병들)병　院 (집)원　流 (흐를)류　血 (피)혈　医 (의원)의　者 (놈)자
薬 (약)약　局 (판)국　指 (손가락)지

그림으로 익히기

한자 익히기

일본 한자는 음독, 훈독에 따라 쓰임이 많이 달라지므로 단어와 예문으로 확실히 익혀 두세요.
획수와 필순, 부수 익히기는 기본!

★ 病(びょう)는 痛(いたい)와 모양과 의미가 흡사하지만 쓰임이 다르다는 것을 확인해 두세요.

病 (병들)병
획수 : 10획
부수 : 广

びょう／へい	持病(じびょう) 지병　仮病(けびょう) 꾀병
	病気(びょうき) 병　疾病(しっぺい) 질병
やむ／やまい	病(や)む 병을 앓다　病(やまい) 병

病 广 广 广 疒
疒 病 病 病

・仮病で学校を休みました。 꾀병으로 학교를 쉬었습니다.
　け びょう　　　がっこう　　やす

・肺を病んでいます。 폐병을 앓고 있습니다.
　はい　　や

★ 院(いん)은 音読(おんよ)み로만 읽히는 한자임을 확인해 두세요.

院 (집)원
획수 : 10획
부수 : ß

いん	医院(いいん) 의원　院長(いんちょう) 원장
	入院(にゅういん) 입원　退院(たいいん) 퇴원
	病院(びょういん) 병원

院 院 阝 阝 阵 阵
阵 阵 阵 院

・病院に入院しました。 병원에 입원했습니다.
　びょういん　にゅういん

流 (흐를)류
획수 : 10획
부수 : 氵

りゅう／る	逆流(ぎゃくりゅう) 역류　交流(こうりゅう)
교류	流通(りゅうつう) 유통　流布(るふ) 유포
ながれる／ながす	流(なが)れる 흐르다　流(なが)す 흘리다

流 流 流 流 流 流
流 流 流 流

・文化交流が活発になりました。
　ぶん か こうりゅう　　かっぱつ
　문화교류가 활발해졌습니다.

・彼女はなみだを流していました。
　かのじょ　　　　　　なが
　그녀는 눈물을 흘리고 있었습니다.

血

(피)혈

획수 : 6획
부수 : 血

`ノ イ ゟ 白 血 血`

- **けつ** 血圧(けつあつ) 혈압　血液型(けつえきがた) 혈액형
血統(けっとう) 혈통　止血(しけつ) 지혈　献血(けんけつ) 헌혈
- **ち** 血(ち) 피　鼻血(はなぢ) 코피

- 献血(けんけつ)をしたことがありますか。 헌혈을 한 적이 있습니까?
- 血(ち)は水(みず)より濃(こ)い。 피는 물보다 진하다.

医

(의원)의

획수 : 7획
부수 : 匚

`一 ㄷ ㄷ 斤 乒 医 医`

- **い** 医院(いいん) 의원　医者(いしゃ) 의사
医療(いりょう) 의료　名医(めいい) 명의

- 医者(いしゃ)の診断(しんだん)が出(で)ました。 의사의 진단이 나왔습니다.

★ 者(もの)와 같은 발음으로 物(もの)가 있는데 '물건, 것'이라는 뜻이므로 유의해서 기억할한자입니다.

者

(놈)자

획수 : 8획
부수 : 耂

`一 + 土 耂`
`耂 者 者 者`

- **しゃ** 学者(がくしゃ) 학자　後者(こうしゃ) 후자
前者(ぜんしゃ) 전자
- **もの** 者(もの) 사람, 자　若者(わかもの) 젊은이

- 将来(しょうらい)、立派(りっぱ)な学者(がくしゃ)になります。
장래에 훌륭한 학자가 되겠습니다.
- 彼(かれ)は元々(もともと)そういう者(もの)です。 그는 원래 그런 사람입니다.

薬

(약)약

획수 : 16획
부수 : 艹

`一 ゙ 苦 苢 艹 苩 苩`
`苩 苩 苩 薄 蓮 薬 薬 薬`

- **やく** 薬局(やっきょく) 약국　投薬(とうやく) 투약
薬草(やくそう) 약초　薬物(やくぶつ) 약물
- **くすり** 薬(くすり) 약　飲(の)み薬(ぐすり) 내복약

- 雑草(ざっそう)の中(なか)に薬草(やくそう)があります。 잡초 중에 약초가 있습니다.
- ちゃんと薬(くすり)を飲(の)んでください。 착실히 약을 드세요.

★ 局(きょく)에는 訓読(くんよ)み로 '局(つぼね) 궁전 같은 곳에 별도로 만들어 놓은 칸막이 방'이라는 단어도 존재하지만 이 단어는 빈도수가 적으므로 참고로만 알아두세요.

局

(판)국
획수 : 7획
부수 : 尸

きょく 局長(きょくちょう) 국장
事務局(じむきょく) 사무국　郵便局(ゆうびんきょく) 우체국
薬局(やっきょく) 약국

局 局 局 局
局 局 局

・この辺(へん)に薬局(やっきょく)はありません。이 부근에 약국은 없습니다.

指

(손가락)지
획수 : 9획
부수 : 扌

し 指定(してい) 지정　指名(しめい) 지명
指導(しどう) 지도　指紋(しもん) 지문
ゆび／さす 中指(なかゆび) 중지
指先(ゆびさき) 손가락 끝, 손끝　指(さ)す 가리키다

指 指 指 指 指 指
指 指 指

・指名(しめい)された人(ひと)は手(て)を挙(あ)げてください。
지명 받은 사람은 손을 들어 주세요.

・中指(なかゆび)が一番長(いちばんなが)いです。중지가 가장 깁니다.

03 병원, 인간의 몸 ②

3학년이 배우는 한자

이번 과에서 배울 한자

全 (온통)전　身 (몸)신　皮 (가죽)피　歯 (이)치　鼻 (코)비

그림으로 익히기

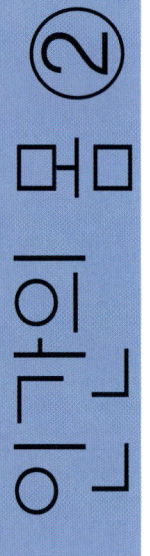

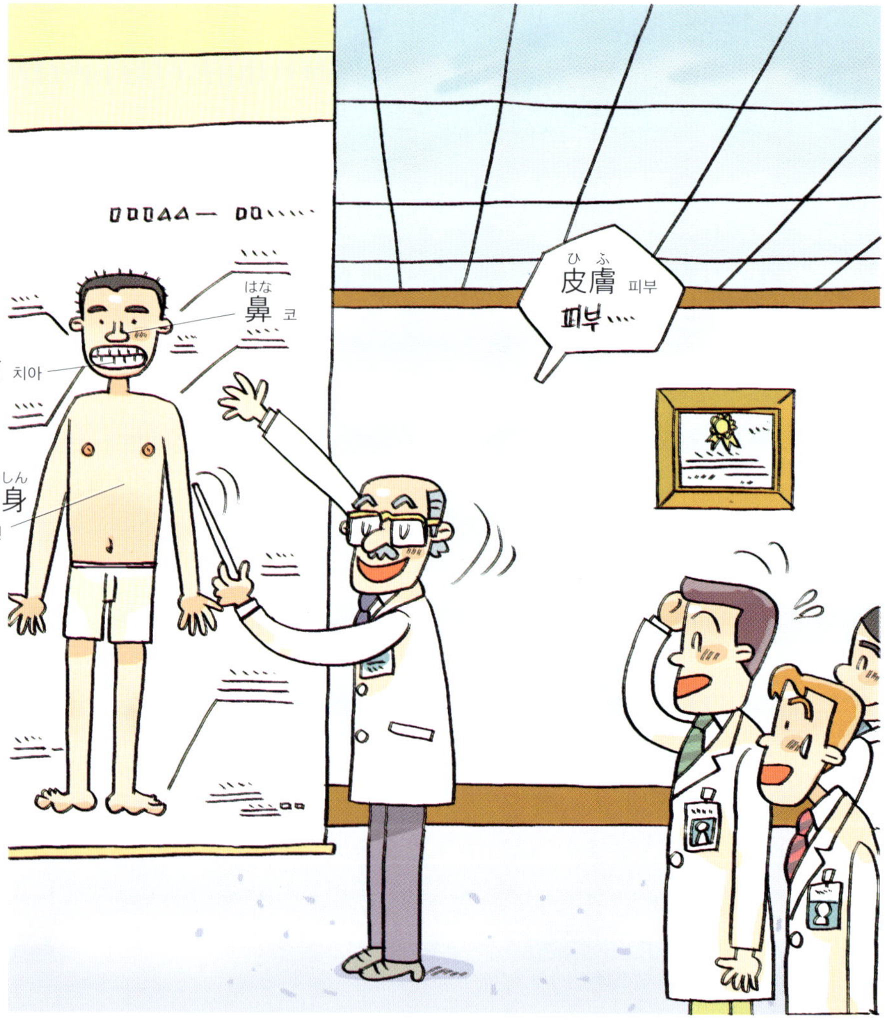

はな
鼻 코
は
歯 치아
ぜんしん
全身
전신
ひ ふ
皮膚 피부
피부……

일본 한자는 음독, 훈독에 따라 쓰임이 많이 달라지므로 단어와 예문으로 확실히 익혀 두세요.
획수와 필순, 부수 익히기는 기본!

★ '전부'라는 의미를 나타낼 때 全部(ぜんぶ)뿐 아니라 全(すべ)て라고도 합니다.

全 (온통)전
획수 : 6획
부수 : 入

ぜん	全国(ぜんこく) 전국　万全(ばんぜん) 만전
	全体(ぜんたい) 전체　全部(ぜんぶ) 전부
まったく	全(まった)く 완전히, 아주

ノ 入 人 今 全 全

・全国的に雪が降っています。
　전국적으로 눈이 내리고 있습니다.

・全く分かりません。 전혀 모르겠습니다.

身 (몸)신
획수 : 7획
부수 : 身

しん	心身(しんしん) 심신　単身(たんしん) 단신
	身体(しんたい) 신체　献身(けんしん) 헌신
み	身(み) 몸, 신체　身内(みうち) 온몸, 일가친척, 집안
	親身(しんみ) 육친, 근친

′ ′ 竹 刖
刖 身 身

・遠いところで単身赴任の生活をしています。
　먼 곳에서 단신부임 생활을 하고 있습니다.

・身も心も疲れました。 몸도 마음도 지쳤습니다.

皮 (가죽)피
획수 : 5획
부수 : 皮

| **ひ** | 皮革(ひかく) 피혁　鉄面皮(てつめんぴ) 철면피 |
| **かわ** | 皮(かわ) 가죽, 껍질　毛皮(けがわ) 모피, 털가죽 |

ノ 厂 广 皮 皮

・鉄面皮のような人です。 철면피 같은 사람입니다.

・彼女は高い毛皮のコートを着ています。
　그녀는 비싼 모피코트를 입고 있습니다.

歯 (이)치

획수 : 12획
부수 : 歯

丨 ト ⺊ 止 ⺽ ⺽
⺽ ⺽ 步 歯 歯 歯

| し | 歯科(しか) 치과　歯根(しこん) 치근 |
| は | 前歯(まえば) 앞니　虫歯(むしば) 충치　歯茎(はぐき) 잇몸 |

・歯科医になりました。 치과의사가 되었습니다.
・歯茎が腫れました。 잇몸이 부었습니다.

鼻 (코)비

획수 : 14획
부수 : 鼻

丿 宀 ⺆ ⺆ 自 自 自
臯 臯 臯 畠 畠 鼻 鼻

| び | 耳鼻咽喉科(じびいんこうか) 이비인후과
鼻炎(びえん) 비염　鼻音(びおん) 비음 |
| はな | 鼻血(はなぢ) 코피　鼻歌(はなうた) 콧노래 |

・鼻炎にかかると匂いを嗅げません。
　비염에 걸리면 냄새를 맡지 못합니다.
・鼻血が出ています。 코피가 나고 있습니다.

★ 鼻(はな)와 花(はな)는 동음이의어로 둘다 잘 활용되는 기초 한자이니 확실하게 구분해서 익혀두세요.

140

★모양이 비슷한 한자들 ①

한자	음독 / 훈독
日(날 일)	にち・じつ／ひ・か
曰(가로 왈)	―／いわく・のたまわく
甲(갑옷 갑)	こう・かん／かぶと・きのえ
申(아뢸 신)	しん／もうす・さる
今(이제 금)	きん・こん／いま
令(명령 령)	れい・りょう／―
名(이름 명)	めい・みょう／な
各(각각 각)	かく／おのおの
午(낮 오)	ご／―
牛(소 우)	ぎゅう／うし
干(방패 간)	かん／ほす・ひる
容(얼굴 용)	よう／いれる
客(손 객)	きゃく・かく／―
苦(괴로울 고)	く／くるしい・くるしむ・くるしめる・にがい
若(만약 약)	じゃく・にゃく／わかい・もしくは・もし

이번 과에서 배울 한자

遊 (놀)유   泳 (수영할)영   有 (있을)유   急 (급할)급   速 (빠를)속

短 (짧을)단   温 (따뜻할)온   暗 (어두울)암

그림으로 익히기

速い 빠르다

遊泳 유영

急ぐ 서두르다

水が温かい 물이 따뜻하다

暗い 어둡다

足が短い 다리가 짧다

何か有る 무언가 있다

일본 한자는 음독, 훈독에 따라 쓰임이 많이 달라지므로 단어와 예문으로 확실히 익혀 두세요.
획수와 필순, 부수 익히기는 기본!

遊 (놀)유
획수 : 12획
부수 : 辶

| ゆう／ゆ | 遊戯(ゆうぎ) 유희　遊園地(ゆうえんち) 유원지 |

遊覧船(ゆうらんせん) 유람선

物見遊山(ものみゆさん) 구경하며 놀러 다님

| あそぶ | 遊(あそ)ぶ 놀다 |

遊 ㇇ ㇜ 方 㓁 㓁
㓁 㓁 斿 斿 遊 遊

・遊覧船(ゆうらんせん)に乗(の)って観光(かんこう)しました。 유람선을 타고 관광했습니다.

・遊(あそ)び方(かた)を教(おし)えてください。 놀이 방법을 가르쳐 주세요.

泳 (수영할)영
획수 : 8획
부수 : 氵

★ 泳(えい)는 水(みず), 永(なが)い 등의 한자와 혼동하기 쉬우니 주의해서 연습하세요.

| えい | 水泳(すいえい) 수영　競泳(きょうえい) 경영 |
| およぐ | 泳(およ)ぐ 수영하다 |

泳 泳 泳 泳
汀 汋 汵 泳

・水泳(すいえい)は全身運動(ぜんしんうんどう)です。 수영은 전신 운동입니다.

・プールで泳(およ)いでいます。 풀에서 수영하고 있습니다.

有 (있을)유
획수 : 6획
부수 : 月

★ 혼동하기 쉬운 발음 중 한가지로, '있다, 없다'를 이야기할 때의 有無는 ゆうむ가 아닌 うむ로 읽히는 것에 주의하세요.

| ゆう／う | 所有(しょゆう) 소유　有効(ゆうこう) 유효 |

有名(ゆうめい) 유명　有利(ゆうり) 유리　有無(うむ) 유무

| ある | 有(あ)る 있다 |

ノ ナ 右 右 有 有

・有名(ゆうめい)な歌手(かしゅ)が歌(うた)っています。
유명한 가수가 노래하고 있습니다.

・勇気(ゆうき)の有(あ)る者(もの)が勝(か)ちます。 용기 있는 자가 이깁니다.

急 (급할)급
획수 : 9획
부수 : 心

きゅう 急激(きゅうげき) 급격　急行(きゅうこう) 급행
特急(とっきゅう) 특급　急用(きゅうよう) 급한 용무

いそぐ 急(いそ)ぐ 서두르다

ノ ク ク 刍 刍 刍
急 急 急

・急用ができました。 급한 일이 생겼습니다.
　きゅうよう

・急いでください。 서둘러 주세요.
　いそ

速 (빠를)속
획수 : 10획
부수 : 辶

そく 快速(かいそく) 쾌속　迅速(じんそく) 신속
速達(そくたつ) 속달　速度(そくど) 속도

はやい 速(はや)い 빠르다

一 ㄷ ㄷ 一 申 束
束 束 速 速

・速達で送りました。 속달로 보냈습니다.
　そくたつ　おく

・速いスピードを出しました。 빠른 속도를 냈습니다.
　はや　　　　　　　　だ

短 (짧을)단
획수 : 12획
부수 : 矢

たん 短期(たんき) 단기　短所(たんしょ) 단점
短距離(たんきょり) 단거리　短縮(たんしゅく) 단축

みじかい 短(みじか)い 짧다

ノ ㅗ ㅌ ㅌ 矢 矢
知 短 短 短 短 短

・短所のない人はいません。 단점이 없는 사람은 없습니다.
　たんしょ　　　ひと

・少し短くしてください。 조금 짧게 해 주세요.
　すこ みじか

温 (따뜻할)온
획수 : 12획
부수 : 氵

おん 温室(おんしつ) 온실　温泉(おんせん) 온천
温度(おんど) 온도　気温(きおん) 기온

あたたかい／あたたまる／あたためる 温(あたた)かい
따뜻하다　温(あたた)まる 따뜻해지다, 훈훈해지다
温(あたた)める 따뜻하게 하다

丶 丶 氵 氵 汀 汩
汩 汩 温 温 温 温

・温室の中でバラの花が咲きました。
　おんしつ　なか　　　　　はな　さ
온실 안에서 장미꽃이 피었습니다.

・温かい心を伝えてください。 따뜻한 마음을 전해 주세요.
　あたた こころ つた

暗 (어두울)암

획수 : 13획
부수 : 日

あん	暗黒(あんこく) 암흑	明暗(めいあん) 명암

くらい	暗(くら)い 어둡다	

丨 冂 冃 日 旷 旷 肝

旷 昨 晬 暗 暗 暗

・暗黒の世界です。 암흑 세계입니다.

・外が暗くなりました。 밖이 어두워졌습니다.

04 운동 ②

3학년이 배우는 한자

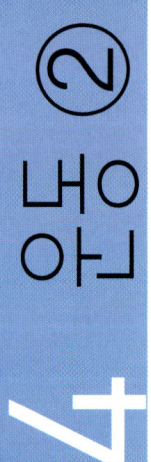

이번 과에서 배울 한자

安 (편안할)안 　打 (칠)타 　練 (익힐)연 　習 (익힐)습 　勝 (이길)승 　負 (질)부
投 (던질)투 　球 (공)구 　曲 (굽을)곡 　次 (버금)차 　運 (나를)운

그림으로 익히기

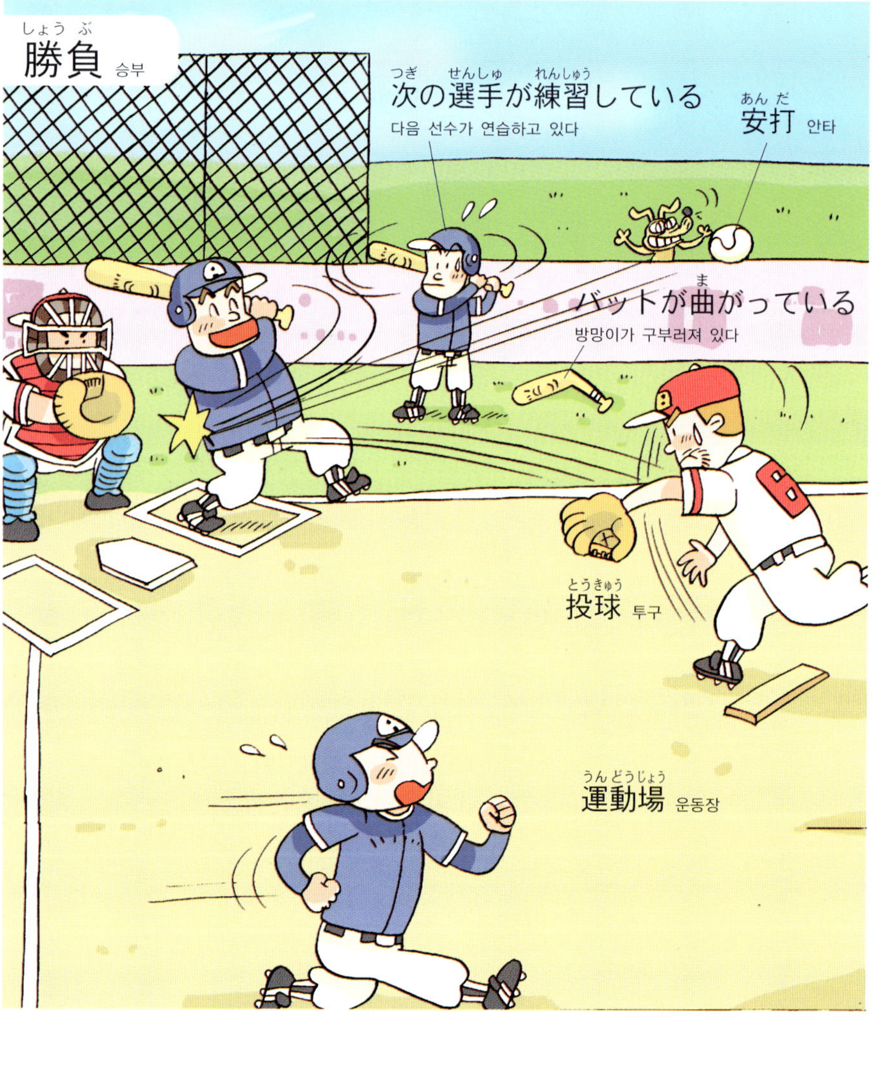

しょうぶ
勝負 승부
つぎ せんしゅ れんしゅう
次の選手が練習している
다음 선수가 연습하고 있다
あんだ
安打 안타
ま
バットが曲がっている
방망이가 구부러져 있다
とうきゅう
投球 투구
うんどうじょう
運動場 운동장

일본 한자는 음독, 훈독에 따라 쓰임이 많이 달라지므로 단어와 예문으로 확실히 익혀 두세요.
획수와 필순, 부수 익히기는 기본!

安 (편안할)안
획수 : 6획
부수 : 宀

`` 宀 安 安

| あん | 安全(あんぜん) 안전　安保(あんぽ) 안보 |
| やすい | 安(やす)い 싸다 |

・安全な運転のため、シートベルトを締めてください。
안전한 운전을 위해 안전벨트를 매주세요.

・もう少し安くしてください。 좀 더 싸게 해 주세요.

打 (칠)타
획수 : 5획
부수 : 扌

一 十 扌 扌 打

だ	打撃(だげき) 타격　安打(あんだ) 안타
	猛打(もうだ) 맹타　乱打(らんだ) 난타
うつ	打(う)つ 치다, 때리다

・ボールを強く打って安打になりました。
공을 강하게 쳐서 안타가 되었습니다.

・ボールを強く打ちました。 공을 강하게 쳤습니다.

練 (익힐)련
획수 : 14획
부수 : 糸

` 幺 幺 糸 糸 糸 紵
糽 紵 絹 綀 綀 練 練

れん	試練(しれん) 시련　鍛練(たんれん) 단련
	練習(れんしゅう) 연습　老練(ろうれん) 노련
ねる	練(ね)る 누이다, 반죽하다, 단련하다

・試練の連続です。 시련의 연속입니다.

・小麦粉を練りました。 밀가루를 반죽했습니다.

習 (익힐)습
획수 : 11획
부수 : 羽

しゅう 習字(しゅうじ) 습자　学習(がくしゅう) 학습
習慣(しゅうかん) 습관　風習(ふうしゅう) 풍습

ならう 習(なら)う 배우다

ㄱ ㄱ ㄱ ㄲ ㄲ ㄲ
羽 羽 習 習 習

・日本の風習と大きく違います。 일본의 풍습과 크게 다릅니다.
・日本語を習っている人が増えました。
일본어를 배우고 있는 사람이 늘었습니다.

勝 (이길)승
획수 : 12획
부수 : 力

★ 勝(しょう)의 한자
로 활용되는 동사 중 '勝
(まさ)る 우수하다/낫
다' 는 비교적 빈도수가
높은 단어이므로 꼭 익
혀두세요.

しょう 圧勝(あっしょう) 압승　勝敗(しょうはい) 승패
勝利(しょうり) 승리　優勝(ゆうしょう) 우승

かつ／まさる 勝(か)つ 이기다　勝(まさ)る 우수하다, 낫다

丿 月 月 月 月 月'
月" 胖 胖 胖 勝 勝

・全国大会で優勝しました。 전국대회에서 우승했습니다.
・勝ち方が分かりました。 이기는 법을 알았습니다.

負 (질)부
획수 : 9획
부수 : 貝

ふ 勝負(しょうぶ) 승부　負債(ふさい) 부채
負傷者(ふしょうしゃ) 부상자　負担(ふたん) 부담

まける／まかす／おう 負(ま)ける 지다, 패하다
負(ま)かす 지게 하다　負(お)う 짊어지다, (상처를) 입다

丿 ク ク 角 角
角 角 負 負

・負傷者が多く出ました。 부상자가 많이 나왔습니다.
・負けるが勝ち。 지는 것이 이기는 것이다.

投 (던질)투
획수 : 7획
부수 : 扌

とう 投資(とうし) 투자　投手(とうしゅ) 투수
失投(しっとう) 실투

なげる 投(な)げる 던지다

一 扌 扌 扌 扩 扔 投

・投資の価値があります。 투자할 가치가 있습니다.
・投手がボールを投げました。 투수가 볼을 던졌습니다.

球 (공)구
획수 : 11획
부수 : 王

きゅう　球技(きゅうぎ) 구기　電球(でんきゅう) 전구
投球(とうきゅう) 투구　野球(やきゅう) 야구
たま　球(たま) 공

一 十 オ ず ず 球
球 球 球 球 球

- 野球では白いボールを使います。
  야구에서는 흰 공을 사용합니다.
- 速い球を投げる投手です。 빠른 공을 던지는 투수입니다.

曲 (굽을)곡
획수 : 6획
부수 : 日

きょく　歌曲(かきょく) 가곡　曲芸(きょくげい) 곡예
曲線(きょくせん) 곡선　歪曲(わいきょく) 왜곡
まがる／まげる　曲(ま)がる 구부러지다　曲(ま)げる 구부리다

一 口 巾 曲 曲 曲

- 事実を歪曲してはいけません。
  사실을 왜곡해서는 안 됩니다.
- 腰が曲がっています。 허리가 구부러져 있습니다.

次 (버금)차
획수 : 6획
부수 : 欠

じ／し　次席(じせき) 차석　次男(じなん) 차남
順次(じゅんじ) 차례차례　次第(しだい) 순서, 경과
つぐ／つぎ　次(つ)ぐ 잇따르다, 버금가다
次(つぎ)に 이어서, 다음에

次 次 次 次 次 次

- 順次、やってください。 차례대로 하세요.
- 大雨に次いで台風が来ました。
  큰 비에 이어 태풍이 왔습니다.

運 (나를)운
획수 : 12획
부수 : 辶

うん　運送(うんそう) 운송　運営(うんえい) 운영　運転(うんてん) 운전　運命(うんめい) 운명　幸運(こううん) 행운
はこぶ　運(はこ)ぶ 나르다

一 n 月 旨 宣 冒
冒 冒 軍 軍 運 運

- らんぼうな運転です。 난폭한 운전입니다.
- 荷物を運んでください。 짐을 운반해 주세요.

이번 과에서 배울 한자

幸 (다행)행   福 (복)복   感 (감동할)감   動 (움직일)동   悲 (슬퍼할)비

役 (부릴)역   苦 (쓸)고   美 (아름다울)미   想 (생각할)상

그림으로 익히기

えん げき　やく わり
演劇の役割 연극의 역할

かんどう
感動する
감동하다

うつく　　はいゆう
美しい俳優 아름다운 배우

こうふく　 よう す
幸福な様子 행복한 모습

かな
悲しい 슬프다

くる　　 おも
苦しい想い 괴로운 마음

한자 익히기

일본 한자는 음독, 훈독에 따라 쓰임이 많이 달라지므로 단어와 예문으로 확실히 익혀 두세요.
획수와 필순, 부수 익히기는 기본!

★ 音読(おんよ)み인
幸福(こうふく)와 訓
読(くんよ)み인 幸(し
あわ)せ 모두 '행복'이
라는 의미를 가집니다.

幸 (다행)행

획수 : 8획
부수 : 干

一 十 土 土
幸 幸 幸 幸

こう　幸福(こうふく) 행복　不幸(ふこう) 불행
幸運(こううん) 행운

さいわい／さち／しあわせ　幸(さいわ)い 다행
幸(さち) 행복　幸(しあわ)せ 행복

- 幸運(こううん)を祈(いの)ります。 행운을 빌겠습니다.
- 私(わたし)は幸(しあわ)せだと思(おも)います。
  저는 행복하다고 생각합니다.

福 (복)복

획수 : 13획
부수 : 礻

福 礻 礻 福 福 福 福
福 福 福 福 福 福

ふく　祝福(しゅくふく) 축복
福徳(ふくとく) 복덕(행복과 이익)

- 人々(ひとびと)に祝福(しゅくふく)された結婚(けっこん)でした。
  사람들에게 축복받은 결혼이었습니다.

感 (감동할)감

획수 : 13획
부수 : 心

丿 厂 厂 厂 咸 咸 咸
咸 咸 咸 感 感 感

かん　感激(かんげき) 감격　感情(かんじょう) 감정
感謝(かんしゃ) 감사　感動(かんどう) 감동

かんじる　感(かん)じる 느끼다

- ラブレターを見(み)て感動(かんどう)しました。
  러브레터를 보고 감동했습니다.
- 映画(えいが)を見(み)て何(なに)を感(かん)じましたか。
  영화를 보고 무엇을 느꼈습니까?

05 감정

151

動 (움직일)동
획수 : 11획
부수 : 力

- どう　動作(どうさ) 동작　行動(こうどう) 행동
  活動(かつどう) 활동
- うごく　動(うご)く 움직이다

丿 一 亡 亡 旨 旨
重 重 重 動 動

- 正しい行動様式で活動します。
  올바른 행동양식으로 활동하겠습니다.
- 動きが鈍い人です。동작이 둔한 사람입니다.

悲 (슬퍼할)비
획수 : 12획
부수 : 心

- ひ　悲哀(ひあい) 비애　悲観(ひかん) 비관　悲鳴(ひめい) 비명
- かなしい　悲(かな)しい 슬프다

丿 亅 亅 丬 丬 非
非 非 非 悲 悲 悲

- 生き方が悲観的です。사는 방법이 비관적입니다.
- 悲しい事は忘れてください。슬픈 일은 잊어 주세요.

役 (부릴)역
획수 : 7획
부수 : 彳

- やく／えき　役者(やくしゃ) 배우　役所(やくしょ) 관청
  役人(やくにん) 관리　役割(やくわり) 역할
  使役(しえき) 사역(일을 시킴)　兵役(へいえき) 병역

丿 勹 彳 彳 彳 役 役

- 役割を分担しました。역할을 분담했습니다.

苦 (쓸)고
획수 : 8획
부수 : 艹

- く　苦戦(くせん) 고전　苦痛(くつう) 고통　苦労(くろう) 고생
- くるしい／くるしむ／にがい　苦(くる)しい 고통스럽다
  苦(くる)しむ 괴로워하다　苦(くる)しめる 괴롭히다, 고통을 주다
  苦(にが)い 쓰다

一 十 艹 艹
艹 芲 苦 苦

- ご苦労様でした。수고하셨습니다.
- これからは、苦しいことはないでしょう。
  이제부터는 괴로운 일은 없겠죠.

美

(아름다울)미　**び**　美化(びか) 미화　美人(びじん) 미인　美談(びだん) 미담

획수 : 9획
부수 : 羊

うつくしい　美(うつく)しい 아름답다

美 美 ʹ ʹ ʹ
羊 羊 美 美

- 彼女は美人でやさしい人です。
  그녀는 미인이고 착한 사람입니다.

- 美しい心を持っている人です。
  아름다운 마음을 갖고 있는 사람입니다.

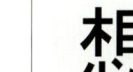

★ 현대어에서는 おも
う를 주로 思う로 표
기합니다.

想

(생각할)상　**そう／そ**　想像(そうぞう) 상상　着想(ちゃくそう) 착상

획수 : 13획
부수 : 心

予想(よそう) 예상　愛想(あいそ) 붙임성, 상냥함

おもう　想(おも)う 생각하다

一 十 才 木 朸 相 相
相 相 相 想 想 想

- 想像できないほどのことです。
  상상할 수 없을 정도의 일입니다.

- あなたのことをいつも想っています。
  당신에 대해 늘 생각하고 있습니다.

이번 과에서 배울 한자

列 (줄)열 / (벌일)렬　　島 (섬)도　　化 (될)화　　氷 (얼음)빙　　油 (기름)유
波 (파도)파　　　　　　炭 (숯)탄

그림으로 익히기

氷に変化する 얼음으로 변하다

波 파도

温かい列島 따뜻한 열도

油 기름

石炭 석탄

한자 익히기

일본 한자는 음독, 훈독에 따라 쓰임이 많이 달라지므로 단어와 예문으로 확실히 익혀 두세요.
획수와 필순, 부수 익히기는 기본!

列

(줄)열
(벌일)렬
획수 : 6획
부수 : 刂

れつ　行列(ぎょうれつ) 행렬　列挙(れっきょ) 열거
列車(れっしゃ) 열차

필순: 一 ㄱ 歹 列 列

・列車に乗って旅行します。 열차를 타고 여행합니다.

島

(섬)도
획수 : 10획
부수 : 山

とう　半島(はんとう) 반도　無人島(むじんとう) 무인도
しま　島国(しまぐに) 섬나라

필순: 島 島 島 島 島 島
　　　島 島 島 島

★ 島(しま)와 鳥(とり)는 한자가 매우 비슷하므로 구분해서 익히도록 주의하세요.

・この島の南側には無人島があります。
　이 섬의 남쪽에는 무인도가 있습니다.

・日本は島国です。 일본은 섬나라입니다.

化

(될)화
획수 : 4획
부수 : ヒ

か／け　化石(かせき) 화석　情報化(じょうほうか) 정보화
化粧(けしょう) 화장
ばける／ばかす　化(ば)ける 둔갑하다

필순: 亻 化 化 化

・これは情報化社会の特徴です。
　이것은 정보화 사회의 특징입니다.

・鬼に化けてしまいました。 귀신으로 둔갑해 버렸습니다.

氷 (얼음)빙
획수 : 5획
부수 : 水

ㅣ ㅓ ㅓ 氷 氷

ひょう／ぴょう 氷点(ひょうてん) 빙점

氷山(ひょうざん) 빙산　結氷(けっぴょう) 결빙

こおり／ひ 氷(こおり) 얼음　氷雨(ひさめ) 우박, 싸락눈

・氷山の一角。 빙산의 일각.

・湖に氷が張りました。 호수에 얼음이 얼었습니다.

油 (기름)유
획수 : 8획
부수 : 氵

ㆍㆍㆍ 氵 氵
氵 油 油 油

ゆ 精油(せいゆ) 정유　石油(せきゆ) 석유　油田(ゆでん) 유전

あぶら 油(あぶら) 기름　油絵(あぶらえ) 유화

油(あぶら)あげ 유부

・イラク戦争は石油戦争でした。
이라크 전쟁은 석유전쟁이었습니다.

・彼は油絵の大家だった。 그는 유화의 대가였다.

波 (파도)파
획수 : 8획
부수 : 氵

ㆍㆍㆍ 氵 氵
氵 沙 波 波

は 風波(ふうは) 풍파　音波(おんぱ) 음파　電波(でんぱ) 전파

波乱(はらん) 파란

なみ 波(なみ) 파도　荒波(あらなみ) 거친 파도

・波乱万丈の人生を生きました。
파란만장한 인생을 살았습니다.

・高い波に乗って遊びます。 높은 파도를 타고 놉니다.

炭 (숯)탄
획수 : 9획
부수 : 火

ㆍㆍㆍ 屵 屵
屵 屵 炭 炭

たん 炭酸(たんさん) 탄산　炭素(たんそ) 탄소

炭鉱(たんこう) 탄광　煉炭(れんたん) 연탄

すみ 炭(すみ) 숯　炭火(すみび) 숯불

・胃から炭酸ガスが出ます。 위에서 탄산가스가 나옵니다.

・炭に火をつけます。 숯에 불을 붙입니다.

★모양이 비슷한 한자들 ②

한자	음독 / 훈독
持(가질 지)	じ／もつ
特(특별할 특)	とく／─
重(무거울 중)	じゅう・ちょう／え・おもい・おもんずる・かさねる・かさなる
童(아이 동)	どう／わらべ
眠(잠잘 면)	みん／ねむい・ねむる
眼(눈 안)	がん・げん／まなこ・め
深(깊을 심)	しん／ふかい・ふかまる・ふかめる
探(찾을 탐)	たん／さぐる・さがす
雪(눈 설)	せつ／ゆき・すすぐ
雲(구름 운)	うん／くも
字(글자 자)	じ／あざ・あざな
宇(집 우)	う／─
順(순할 순)	じゅん／─
須(모름지기 수)	しゅ・す／すべからく

이번 과에서 배울 한자

畑 (화전)전　　根 (뿌리)근　　深 (깊을)심　　植 (심을)식　　陽 (볕)양

葉 (잎)엽　　農 (농사)농　　綠 (초록빛)록

그림으로 익히기

たいよう
太陽 태양

こ は
木の葉 나뭇잎

たね う
種を植える
씨를 심다

のう ふ
農夫 농부

だいこん
大根 무

しんりょく
深緑 심록

はたけ
畑 밭

일본 한자는 음독, 훈독에 따라 쓰임이 많이 달라지므로 단어와 예문으로 확실히 익혀 두세요.
획수와 필순, 부수 익히기는 기본!

★ 畑(はたけ)는 일본에서 만들어진 한자로 한국과 중국에는 없는 한자입니다. 이와 같이 일본에서 만들어진 한자의 예로 '働(はたら)く 일하다'가 있습니다.

畑 (화전)전
획수 : 9획
부수 : 田

はたけ／はた　畑(はたけ) 밭　麦畑(むぎばたけ) 보리밭
焼(や)き畑(ばた) 화전

필순: 畑 畑 畑 畑 畑 畑 畑 畑 畑

・芋は畑で栽培します。 고구마는 밭에서 재배합니다.

根 (뿌리)근
획수 : 10획
부수 : 木

こん　根本(こんぽん) 근본　根拠(こんきょ) 근거
大根(だいこん) 무우
ね　根(ね) 뿌리, 근원　根強(ねづよ)い 뿌리깊다, 탄탄하다

필순: 根 根 根 根 根 根 根 根 根 根

・大根には水分が多いです。 무우에는 수분이 많습니다.
・根も葉もない噂で騒ぎます。
근거도 없는 소문으로 떠들썩합니다.

深 (깊을)심
획수 : 11획
부수 : 氵

しん　水深(すいしん) 수심　深夜(しんや) 심야
ふかい／ふかまる／ふかめる　深(ふか)い 깊다
深(ふか)まる 깊어지다　深(ふか)める 깊게 하다

필순: 深 深 深 深 深 深 深 深 深 深 深

・深夜バスを運行しています。 심야버스를 운행하고 있습니다.
・自然と人間の体は関係が深いです。
자연과 인간의 몸은 관계가 깊습니다.

植

(심을)식
획수 : 12획
부수 : 木

一十才才才柿
柿柿柿柿植植

| しょく | 植樹(しょくじゅ) 식수　植物(しょくぶつ) 식물 |

移植(いしょく) 이식

| うえる／うわる | 植(う)える 심다　植(う)わる 심어지다 |

- 植物園には珍しい木がたくさんあります。
  식물원에는 진귀한 나무가 많이 있습니다.
- 子供が生まれた日に木を植えました。
  아이가 태어난 날에 나무를 심었습니다.

陽

(볕)양
획수 : 12획
부수 : 阝

'了阝阝阝阝阝
阝阝阝陽陽陽

| よう | 落陽(らくよう) 낙양, 석양 |

陽性(ようせい) 양성(명랑하고 적극적임 또는 검사 반응에서 양성)

- 彼の性格は陽性的です。 그의 성격은 양성적입니다.
- 検査で陽性が出ました。
  검사에서 양성이 나왔습니다.

葉

(잎)엽
획수 : 12획
부수 : 艹

一十艹艹艹芏
苹茉茉華葉葉

| よう | 紅葉(こうよう) 단풍　中葉(ちゅうよう) 중엽 |

落葉(らくよう) 낙엽

| は | 葉(は) 잎, 잎사귀　落(お)ち葉(ば) 낙엽, 가랑잎 |

- 秋は紅葉の季節です。 가을은 단풍의 계절입니다.
- 秋には葉が赤くなります。 가을에는 잎이 빨갛게 됩니다.

農

(농사)농
획수 : 13획
부수 : 辰

丶丷曲曲曲曲
芦芦芦農農農

| のう | 自作農(じさくのう) 자작농　農業(のうぎょう) 농업 |

農村(のうそん) 농촌　農民(のうみん) 농민

- 農業国から工業国に発展しました。
  농업국에서 공업국으로 발전했습니다.

★ '緑(りょく) 푸르다'
와 '録(ろく) 기록하다'
는 음과 뜻이 다르지만
부수를 제외한 모양이 흡
사하여 혼동하기 쉬우니
주의하세요.

緑 (초록빛)록
획수 : 14획
부수 : 糸

りょく／ろく　新緑(しんりょく) 신록

緑青(ろくしょう) 녹청

みどり　緑(みどり) 초록색, 녹색

丶 幺 幺 幺 糸 糸 糸 紀
糸ヨ 糸ヨ 紀 紀 緑 緑 緑

・新緑の季節です。 신록의 계절입니다.
　しんりょく　きせつ

・新幹線の乗車券は緑の窓口で買ってください。
　しんかんせん　じょうしゃけん　みどり　まどぐち　か

　신칸센 승차권은 녹색창구에서 사세요.

이번 과에서 배울 한자

受 (받을)수　取 (취할)취　物 (만물)물　品 (물건)품　配 (짝)배　送 (보낼)송

商 (장사)상　業 (업)업　庫 (곳집)고　荷 (짐)하　箱 (상자)상

그림으로 익히기

しょうぎょう
商業 상업

そうこ
倉庫 창고

はいそう
配送 배송

にもつ
荷物 짐

うと
受け取る 수취하다

しなもの
品物 상품

はこ
箱 상자

일본 한자는 음독, 훈독에 따라 쓰임이 많이 달라지므로 단어와 예문으로 확실히 익혀 두세요.
획수와 필순, 부수 익히기는 기본!

受 (받을)수
획수 : 8획
부수 : 又

필순: 受 受 受 受 受 受 受 受

じゅ 授受(じゅじゅ) 수수 受容(じゅよう) 수용

うける 受(う)ける 받다 受(う)かる (시험에) 합격하다

- 受容能力(じゅようのうりょく)がありません。 수용능력이 없습니다.
- 授業(じゅぎょう)を受(う)けました。 수업을 받았습니다.

取 (취할)취
획수 : 8획
부수 : 又

필순: 取 取 取 取 取 取 取 取

しゅ 取材(しゅざい) 취재 取得(しゅとく) 취득

とる 取(と)る 손에 쥐다

- 取材(しゅざい)に応(おう)じてください。 취재에 응해 주세요.
- 運転免許(うんてんめんきょ)を取(と)りました。 운전면허를 취득했습니다.

物 (만물)물
획수 : 8획
부수 : 牛

필순: 物 物 物 物 物 物 物 物

ぶつ／もつ 動物(どうぶつ) 동물 植物(しょくぶつ) 식물
貨物(かもつ) 화물

もの 物(もの) 물건 物語(ものがたり) 이야기
品物(しなもの) 물건, 물품

- 動物(どうぶつ)は人間(にんげん)の生活(せいかつ)をゆたかにします。
  동물은 인간의 생활을 윤택하게 합니다.
- 物(もの)によって値段(ねだん)が違(ちが)います。
  물건에 따라서 가격이 다릅니다.

品 (물건)품

획수 : 9획
부수 : 口

ひん／ぴん 品詞(ひんし) 품사　品質(ひんしつ) 품질　品種
(ひんしゅ) 품종　品目(ひんもく) 품목　返品(へんぴん) 반품

しな 品物(しなもの) 물건　手品(てじな) 요술, 마술, 속임수

丶 丨 口 口 口 口
品 品 品 品

- 品質がよくなりました。 품질이 좋아졌습니다.
- 返品された品物です。 반품된 물건입니다.

配 (짝)배

획수 : 10획
부수 : 酉

はい 宅配(たくはい) 택배　配達(はいたつ) 배달　配給(は
いきゅう) 배급　配慮(はいりょ) 배려　分配(ぶんぱい) 분배

くばる 配(くば)る 배부하다

一 丆 丆 丙 酉 酉
酉 酉' 酉' 配

- 宅配サービスは安全で速いです。
  택배서비스는 안전하고 빠릅니다.
- チラシを配りました。 전단지를 배포했습니다.

送 (보낼)송

획수 : 9획
부수 : 辶

そう 送金(そうきん) 송금　送信(そうしん) 송신
送別会(そうべつかい) 송별회　輸送(ゆそう) 수송

おくる 送(おく)る 보내다

丶 丷 半 半 半 关
关 送 送 送

- ドルで送金します。 달러로 송금하겠습니다.
- ファックスを送ります。 팩스를 보내겠습니다.

商 (장사)상

획수 : 11획
부수 : 口

しょう 協商(きょうしょう) 협상　商業(しょうぎょう)
상업　商品(しょうひん) 상품　通商(つうしょう) 통상

あきなう 商(あきな)う 장사하다
商(あきな)い中(ちゅう) 영업중

丶 亠 宀 产 产
产 产 商 商 商 商

- 商品を整理してください。 상품을 정리해 주세요.
- 商い中です。 영업중입니다.

★ 음식점 등의 가게에
서 '영업중'이라고 할 때
는 営業中(えいぎょ
うちゅう)라고만 생각
하기 쉬운데 商(あきな)
い中(ちゅう)라고도 많
이 쓰입니다.

業

(업)업
획수 : 13획
부수 : 木

ぎょう／ごう 業種(ぎょうしゅ) 업종　業務(ぎょうむ) 업무　産業(さんぎょう) 산업　職業(しょくぎょう) 직업　卒業(そつぎょう) 졸업

わざ 業(わざ) 일, 직업　仕業(しわざ) 행위, 짓

ᅦ ᅦ ᅦ ᅦ ᅦ ᅦ ᅦ
ᅦ ᅦ ᅦ ᅦ ᅦ 業 業

・業種は何ですか。업종은 무엇입니까?

・一体、誰の仕業だ。도대체 누구 짓이냐.

庫

(곳집)고
획수 : 10획
부수 : 广

こ／く 倉庫(そうこ) 창고　倉庫業(そうこぎょう) 창고업　庫裏(くり) 절의 부엌

ᅦ ᅵ 广 广 庐
庐 庐 庐 庫 庫

・荷物を倉庫から出します。짐을 창고에서 꺼냅니다.

・庫裏とはどういう意味ですか。'쿠리'란 무슨 뜻입니까?

荷

(짐)하
획수 : 10획
부수 : 艹

か 荷重(かじゅう) 하중　出荷(しゅっか) 출하
に 荷物(にもつ) 짐　手荷物(てにもつ) 수하물

ᅦ 荷 荷 荷 荷
荷 荷 荷 荷 荷

・荷物の荷重に耐えることができません。
짐의 하중을 견딜 수가 없습니다.

・荷物のない方は通過してください。
짐이 없는 분은 통과하세요.

箱

(상자)상
획수 : 15획
부수 : 竹

はこ 箱(はこ) 상자　宝石箱(ほうせきばこ) 보석함

箱 箱 箱 箱 箱
箱 箱 箱 箱 箱
箱 箱 箱 箱 箱

・箱の中に人形が入っています。
상자 안에 인형이 들어 있습니다.

이번 과에서 배울 한자

鉄 (쇠)철   橋 (다리)교   乗 (탈)승   客 (손님)객   笛 (피리)적
港 (항구)항   横 (가로)횡

그림으로 익히기

港 (みなと) 항구

汽船の横を走る (き せん よこ はし)
기선옆을 달리다

汽笛 (き てき) 기적

鉄橋 (てっきょう) 철교

乗客 (じょうきゃく) 승객

한자 익히기

일본 한자는 음독, 훈독에 따라 쓰임이 많이 달라지므로 단어와 예문으로 확실히 익혀 두세요.
획수와 필순, 부수 익히기는 기본!

鉄 (쇠)철
획수 : 13획
부수 : 金

| てつ | 国鉄(こくてつ) 국철　私鉄(してつ) 사철 |
| | 鉄道(てつどう) 철도　鉄鋼(てっこう) 철강 |

필순: 鉄鉄鉄鉄鉄鉄鉄鉄鉄鉄鉄鉄鉄

・韓国(かんこく)の鉄道(てつどう)は国家(こっか)産業(さんぎょう)です。 한국 철도는 국가산업입니다.

橋 (다리)교
획수 : 16획
부수 : 木

| きょう | 鉄橋(てっきょう) 철교　歩道橋(ほどうきょう) 육교 |
| はし | 橋(はし) 다리　石橋(いしばし) 돌다리 |

★ '橋(はし) 다리'와 '箸(はし) 젓가락'은 같은 음이지만 뜻이 다른 동음이의어입니다.

필순: 橋橋橋橋橋橋橋橋橋橋橋橋橋橋橋橋

・あれは鉄(てつ)で作(つく)った鉄橋(てっきょう)です。 저것은 철로 만든 철교입니다.
・橋(はし)を渡(わた)ってください。 다리를 건너 주세요.

乗 (탈)승
획수 : 9획
부수 : ノ

じょう	乗客(じょうきゃく) 승객　乗車(じょうしゃ) 승차
	搭乗(とうじょう) 탑승
のる／のせる	乗(の)る 타다　乗(の)り換(か)える 갈아타다

필순: 乗乗乗乗乗乗乗乗乗

・ご搭乗(とうじょう)ありがとうございました。 탑승해 주셔서 감사합니다.
・次(つぎ)の駅(えき)で乗(の)り換(か)えてください。 다음 역에서 갈아타세요.

客 (손님)객
획수 : 9획
부수 : 宀

| きゃく／かく | 観客(かんきゃく) 관객 |
| | 客席(きゃくせき) 객석　来客(らいきゃく) 내객 |

필순: 客客客客客客客客客

・客席(きゃくせき)が空(あ)いています。 객석이 비어 있습니다.

★ 笛(てき)는 訓読(く んよ)미로 笛(ふえ)(피 리)라고 발음됩니다. 앞 에 口(くち)가 붙으면 '휘파람'이라는 뜻이 됩 니다.

168

笛

(피리)적

획수 : 11획
부수 : 竹

ノ ト ケ 竹 竹 笛
竹 竹 笛 笛 笛

てき 汽笛(きてき) 기적　警笛(けいてき) 경적
鼓笛(こてき) 고적(북과 피리)

ふえ 笛(ふえ) 피리

・汽笛の音が聞こえて来ます。 기적 소리가 들려옵니다.

・どこからか口笛が聞こえてきました。
어디선가 휘파람 소리가 들려왔습니다.

港

(항구)항

획수 : 12획
부수 : 氵

丶 冫 氵 汗 汗 沸
洪 洪 洪 洪 港 港

こう 空港(くうこう) 공항　港湾(こうわん) 항만

みなと 港(みなと) 항구

・空港で別れの挨拶をしました。
공항에서 작별의 인사를 했습니다.

・船が港に入ります。 배가 항구에 들어갑니다.

横

(가로)횡

획수 : 15획
부수 : 木

一 十 才 木 杧 栌 栌
椙 栌 横 横 横 横 横

おう 横断(おうだん) 횡단　縦横(じゅうおう) 종횡

よこ 横(よこ) 옆, 가로　横顔(よこがお) 옆얼굴

・泳いで太平洋を横断しました。
헤엄쳐서 태평양을 횡단했습니다.

・デパートの横に交番があります。
백화점 옆에 파출소가 있습니다.

★모양이 비슷한 한자들 ③

한자	음독 / 훈독
鳥(새 조)	ちょう／とり
島(섬 도)	とう／しま
烏(까마귀 오)	う・お／からす
從(쫓을 종)	じゅう・しゅう・じゅ／したがう・したがえる
徒(무리 도)	と／かち・いたずら
往(갈 왕)	おう／ゆく
住(살 주)	じゅう／すむ・すまう
看(볼 간)	かん／－
着(입을 착)	ちゃく・じゃく／きる・きせる・つく・つける
村(마을 촌)	そん／むら
材(재목 재)	ざい／－
八(여덟 팔)	はち／や・やつ・やっつ・よう
人(사람 인)	じん・にん／ひと
入(들 입)	にゅう・じゅ／いる・いれる・はいる
惜(아낄 석)	せき／おしい・おしむ
借(빌 차)	しゃく・しゃ／かりる
秋(가을 추)	しゅう／あき
愁(근심 수)	しゅう／うれえる・うれい

이번 과에서 배울 한자

住 (살)주   所 (바)소   丁 (넷째천간)정   区 (구역)구   州 (고을)주

県 (고을)현   庭 (뜰)정   族 (겨레)족

그림으로 익히기

きゅうしゅう ふくおかけん ひがし く いっちょう め
九州 福岡県 東区 一丁目
큐슈 후쿠오카현 히가시구 1번지

か ぞく
家族 가족

ていえん
庭園 정원

じゅうしょ
住所 주소

일본 한자는 음독, 훈독에 따라 쓰임이 많이 달라지므로 단어와 예문으로 확실히 익혀 두세요.
획수와 필순, 부수 익히기는 기본!

住 (살)주

획수 : 7획
부수 : 亻

ノ 亻 亻 亻
亻 亻 住

じゅう 居住(きょじゅう) 거주 住居(じゅうきょ) 주거
住所(じゅうしょ) 주소 住宅(じゅうたく) 주택

すむ/すまう 住(す)む 살다 住(す)まう (한곳에) 살다, 거주하다

しんこく　じゅうたくもんだい　はっせい
・深刻な住宅問題が発生しました。
　심각한 주택 문제가 발생했습니다.

に ほん　す
・日本に住んでいます。 일본에 살고 있습니다.

所 (바)소

획수 : 8획
부수 : 戸

一 一 一 戸
戸 所 所 所

しょ 所属(しょぞく) 소속 所持(しょじ) 소지
役所(やくしょ) 관청

ところ 所(ところ) 장소, 곳 台所(だいどころ) 부엌, 주방, 살림

とうきょうだいがく　しょぞく
・東京大学に所属しています。 도쿄 대학에 소속되어 있습니다.

い　　ところ
・行く所がありません。 갈 곳이 없습니다.

丁 (넷째천간)정

획수 : 2획
부수 : 一

一 丁

ちょう/てい 一丁目(いっちょうめ) 1가
壮丁(そうてい) 장정

なんちょうめ　す
・何丁目に住んでいますか。 몇 번지에 살고 있습니까?

区 (구역)구

획수 : 4획
부수 : 匸

一 丁 ヌ 区

く 区画(くかく) 구획　区域(くいき) 구역
区間(くかん) 구간　区役所(くやくしょ) 구청

・ここは開発禁止区域です。 여기는 개발금지구역입니다.

州 (고을)주

획수 : 6획
부수 : 川

丶 リ リ 州 州 州

しゅう 州知事(しゅうちじ) 주지사
九州(きゅうしゅう) 큐슈　欧州(おうしゅう) 구주
す 三角州(さんかくす) 삼각주

・ニューヨークの州知事に就任しました。
뉴욕 주지사로 취임했습니다.

・ヨーロッパを欧州と言います。 유럽을 구주라고 말합니다.

・この川の下流には三角州が作られています。
이 강 하류에는 삼각주가 만들어져 있습니다.

172

★ 県(けん)과 区(く)
는 일본의 행정구역을 구
분하는 명칭입니다.

県 (고을)현

획수 : 9획
부수 : 目

l 口 日 目 目 県
県 県 県

けん 県立(けんりつ) 현립
県庁(けんちょう) 현청(한국의 도청에 해당)

・県立大学に合格しました。 현립대학에 합격했습니다.

庭 (뜰)정

획수 : 10획
부수 : 广

丶 亠 广 广 广 庐
庐 庭 庭 庭

てい 家庭(かてい) 가정　庭園(ていえん) 정원
にわ 庭(にわ) 정원　庭先(にわさき) (뜰에서 보아) 툇마루 쪽

・主人は家庭的です。 남편은 가정적입니다.

・庭に桜の花が咲きました。 정원에 벚꽃이 피었습니다.

族 (겨레)족

획수 : 11획
부수 : 方

ぞく　貴族(きぞく) 귀족　親族(しんぞく) 친족

民族(みんぞく) 민족　遺族(いぞく) 유족

丶 亠 方 方 方
方 方 方 族 族

き ぞ く て き　せい かつ
・貴族的な生活をしています。 귀족적인 생활을 하고 있습니다.

이번 과에서 배울 한자

仕 (섬길)사　事 (일)사　進 (나아갈)진　路 (길)로　転 (구를)전　向 (향할)향

研 (갈)연　究 (궁구할)구　　　　相 (서로)상　談 (말씀)담　係 (걸릴)계

그림으로 익히기

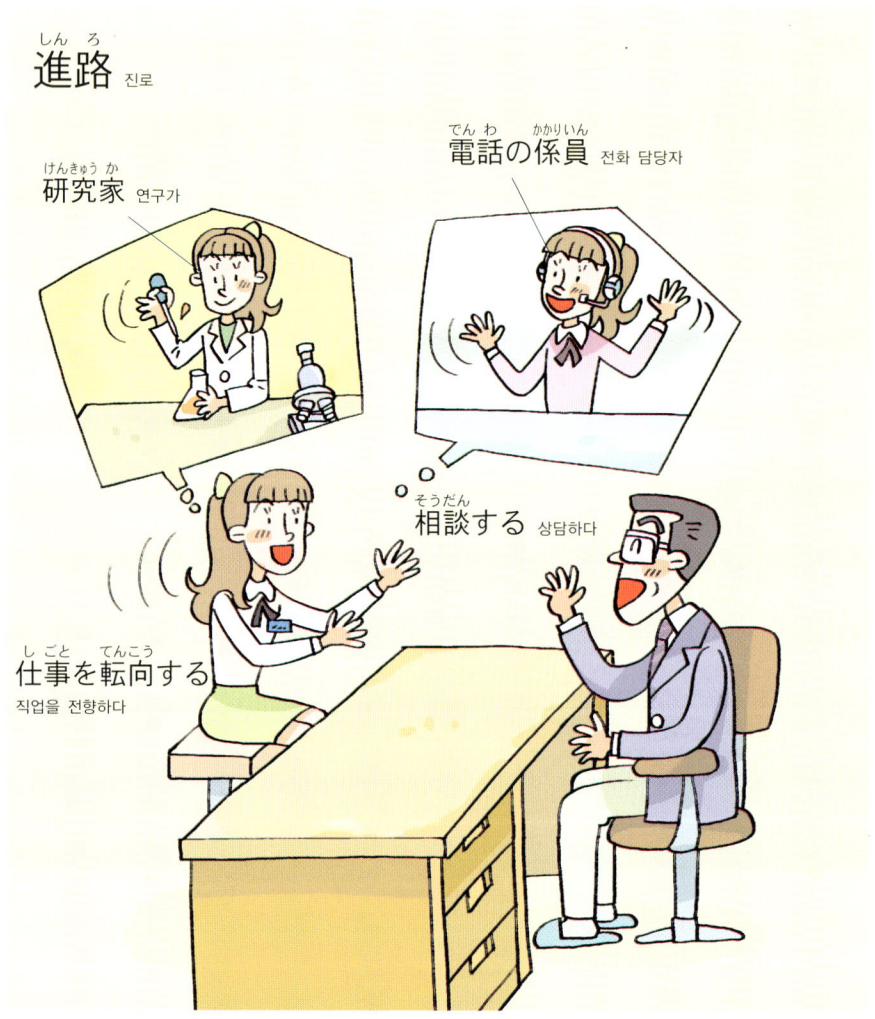

進路 (しんろ) 진로

研究家 (けんきゅうか) 연구가

電話の係員 (でんわ かかりいん) 전화 담당자

相談する (そうだん) 상담하다

仕事を転向する (しごと てんこう) 직업을 전향하다

일본 한자는 음독, 훈독에 따라 쓰임이 많이 달라지므로 단어와 예문으로 확실히 익혀 두세요.
획수와 필순, 부수 익히기는 기본!

仕 (섬길)사
획수 : 5획
부수 : 亻

し／じ　仕事(しごと) 일　奉仕(ほうし) 봉사
仕組(しく)み 짜임새　給仕(きゅうじ) 급사, 사환
つかえる　仕(つか)える 시중들다, 섬기다

ノ イ 仁 仕 仕

・奉仕する心で仕事します。 봉사하는 마음으로 일합니다.
　ほうし　こころ　しごと
・公務員は住民に仕えなければなりません。
　こうむいん　じゅうみん　つか
　공무원은 주민에게 봉사하지 않으면 단 됩니다.

事 (일)사
획수 : 8획
부수 : 亅

じ／ず　火事(かじ) 화재　事業(じぎょう) 사업　事件(じけん) 사건　無事(ぶじ) 무사　好事家(こうずか) 호사가
こと　事(こと) 일, 사실　出来事(できごと) 일어난 일, 사건

一 T T T 写
写 写 写 事

・市場で火事が発生しました。 시장에서 화재가 발생했습니다.
　いちば　かじ　はっせい
・どんな事があっても行きません。
　こと　い
　어떤 일이 있어도 가지 않습니다.

進 (나아갈)진
획수 : 11획
부수 : 辶

しん　昇進(しょうしん) 승진　前進(ぜんしん) 전진
すすむ　進(すす)む 나아가다

ノ イ イ イ 仟 仹
隹 隹 隹 進 進

・部長に昇進しました。 부장으로 승진했습니다.
　ぶちょう　しょうしん
・前へ進んでください。 앞으로 나아가세요.
　まえ　すす

★ 路(ろ)는 훈독으로
路(じ)라고도 발음되며
'길'이라는 의미를 가집
니다. 道도 '길'의 의미
를 가지지만 두 글자의
쓰임 차이를 예제 단어
를 통해 익혀 두세요.
(道 → 88쪽 참조)

176

路 (길)로
획수 : 13획
부수 : 足

`ろ` 活路(かつろ) 활로　道路(どうろ) 도로　線路(せんろ) 선로　路上(ろじょう) 노상　路線(ろせん) 노선

`じ` 家路(いえじ) 귀가길　旅路(たびじ) 여로

丿 口 口 ⻌ ⻌ 𧾷
𧾷 𧼒 𧼒 路 路 路

・車が道路を走っています。 자동차가 도로를 달리고 있습니다.
　くるま　どうろ　はし

・家路を急ぎます。 귀가길을 재촉합니다.
　いえじ　いそ

転 (구를)전
획수 : 11획
부수 : 車

`てん` 移転(いてん) 이전　回転(かいてん) 회전
逆転(ぎゃくてん) 역전　転換(てんかん) 전환

`ころがる／ころげる／ころがす／ころぶ` 転(ころ)がる 구르다　転(ころ)げる 뒹굴다, 넘어지다
転(ころ)がす 굴리다, 넘어뜨리다　転(ころ)ぶ 구르다

一 ⺅ 戸 百 亘 車
車 軒 軒 転 転

・住所移転の申告をしてください。 주소이전 신고를 해주세요.
　じゅうしょ いてん　しんこく

・坂道で転びました。 언덕길에서 굴렀습니다.
　さかみち　ころ

向 (향할)향
획수 : 6획
부수 : 口

`こう` 傾向(けいこう) 경향　向上(こうじょう) 향상
方向(ほうこう) 방향

`むく／むける／むかう／むこう` 向(む)く 향하다, 돌리다
向(む)ける 향하게 하다　向(む)かう 향하다
向(む)こう 맞은편, 건너편

丿 丨 白 白 向 向

・実力向上のために努力します。 실력향상을 위해서 노력합니다.
　じつりょくこうじょう　どりょく

・後を向いてください。 뒤를 향해 주세요.
　うしろ　む

研 (갈)연
획수 : 9획
부수 : 石

`けん` 研究(けんきゅう) 연구　研磨(けんま) 연마

`とぐ` 研(と)ぐ 연마하다

一 ⺒ ⺒ 石 石 石
石 研 研

・研究を続けます。 연구를 계속하겠습니다.
　けんきゅう　つづ

・包丁を研いでください。 부엌칼을 갈아 주세요.
　ほうちょう　と

究 (궁구할)구
획수 : 7획
부수 : 穴

きゅう　究明(きゅうめい) 구명　研究(けんきゅう) 연구
きわめる　究(きわ)める 연구하다

究究究究究究究

・新しい研究を始めました。 새로운 연구를 시작했습니다.
　あたら　けんきゅう　はじ

・真相を究めてください。 진상을 밝혀내세요.
　しんそう　きわ

★ 이외에 相는 音読(おんよ)미로 しょう라고 읽히는 경우도 있습니다. 예제 단어로는 '宰相(さいしょう) 재상, 首相(しゅしょう) 수상' 등이 있습니다.

相 (서로)상
획수 : 9획
부수 : 目

そう　観相(かんそう) 관상　真相(しんそう) 진상
相談(そうだん) 상담　手相(てそう) 수상, 손금
あい　相手(あいて) 상대

相相相相相
相相相相

・友達に相談しました。 친구에게 상담했습니다.
　ともだち　そうだん

・相手の気持ちが分かります。 상대의 기분을 알겠습니다.
　あいて　きも　わ

談 (말씀)담
획수 : 15획
부수 : 言

だん　会談(かいだん) 회담　対談(たいだん) 대담
談判(だんぱん) 담판

談談談談談談談談
談談談談談談談

・南北会談が開かれます。 남북회담이 열립니다.
　なんぼくかいだん　ひら

係 (걸릴)계
획수 : 9획
부수 : 亻

けい　関係(かんけい) 관계
かかる／かかり　係員(かかりいん) 계원, 담당자

係係係係係
係係係係

・親密な関係を維持しています。
　しんみつ　かんけい　いじ
　친밀한 관계를 유지하고 있습니다.

・係員に任せてください。 담당자에게 맡기세요.
　かかりいん　まか

이번 과에서 배울 한자

宿 (묵을)숙　題 (제목)제　詩 (시)시　集 (모을)집　意 (뜻)의　味 (맛)미

委 (맡길)위　員 (관원)원　勉 (힘쓸)면　問 (물을)문　章 (글)장　第 (차례)제

漢 (한나라)한

그림으로 익히기

きょう しつ
教室 교실

しゅくだい
宿題をする
숙제를 하다

だい　　か
第1課 제1과

かん じ　　べんきょう
漢字を勉強する
한자를 공부하다

がっきゅう い いん
学級委員 학급위원

そう じ
掃除をしている
청소를 하고 있다.

ぶんしょう　　い み　　しつもん
文章の意味を質問する
문장의 의미를 질문하다

し しゅう
詩集 시집

일본 한자는 음독, 훈독에 따라 쓰임이 많이 달라지므로 단어와 예문으로 확실히 익혀 두세요.
획수와 필순, 부수 익히기는 기본!

宿 (묵을)숙

획수: 11획
부수: 宀

しゅく 宿題(しゅくだい) 숙제　宿命(しゅくめい) 숙명
旅宿(りょしゅく) 여숙(여행지에서 묵음)

やど／やどす／やどる 宿屋(やどや) 여관, 여인숙
雨宿(あまやど)り 비를 피함　宿(やど)す 숙박시키다
宿(やど)る 거주하다, 머물다, 깃들다

宿 宀 宀 宀 宀 宁 宿
宿 宿 宿 宿 宿

· 宿題を出してください。 숙제를 내 주세요.
· 健全な精神は健全な肉体に宿る。
　건전한 정신은 건전한 육체에 깃든다.

題 (제목)제

획수: 18획
부수: 頁

だい 課題(かだい) 과제　宿題(しゅくだい) 숙제
題目(だいもく) 제목

題 題 題 題 旦 早
旦 昂 是 是 是 題
題 題 題 題 題 題

· 題目を決めてください。 제목을 정해 주세요.

詩 (시)시

획수: 13획
부수: 言

し 漢詩(かんし) 한시　詩人(しじん) 시인
詩集(ししゅう) 시집

詩 詩 詩 詩 詩 詩 詩
詩 詩 詩 詩 詩 詩

· 漢詩の読み方を学んでいます。
　한시 읽는 법을 배우고 있습니다.

★ '모이다'라는 의미로 사용되는 동사는 集(あつ)まる와 集(つど)う가 있고 양쪽 모두 활용도가 높으니 기억해 두세요.

180

集 (모을)집
획수 : 12획
부수 : 隹

ノ イ イ 仁 什 仹
仹 隹 隹 隼 隼 集 集

しゅう 募集(ぼしゅう) 모집　収集(しゅうしゅう) 수집
集会(しゅうかい) 집회　集中(しゅうちゅう) 집중
全集(ぜんしゅう) 전집

あつめる／あつまる／つどう 集(あつ)める 모으다
集(あつ)まる 모이다　集(つど)い 모임

・集中力が落ちました。 집중력이 떨어졌습니다.
　しゅうちゅうりょく　　お

・古本を集めています。 헌책을 모으고 있습니다.
　ふるほん　　あつ

意 (뜻)의
획수 : 13획
부수 : 心

、 ー ナ 立 立 音 音
音 音 音 意 意 意

い 意義(いぎ) 의의　意味(いみ) 의미　合意(ごうい) 합의

・これは何という意味ですか。 이것은 무슨 뜻입니까?
　　　　なん　　　　　い み

味 (맛)미
획수 : 8획
부수 : 口

ı ıı ıı ıı ııı
ıııı ııııı 味 味

み 意味(いみ) 의미　興味(きょうみ) 흥미
趣味(しゅみ) 취미　味覚(みかく) 미각

あじ／あじわう 味(あじ) 맛　味見(あじみ) 맛을 봄, 간을 봄
味(あじ)わう 맛을 보다, 음미하다

・意味のない話です。 의미 없는 말입니다.
　い み　　　　はなし

・味が塩辛いです。 맛이 짭니다.
　あじ　しおから

委 (맡길)위
획수 : 8획
부수 : 女

ー 二 千 禾
禾 禾 委 委

い 委員(いいん) 위원　委員会(いいんかい) 위원회
委任(いにん) 위임

・委員会で案件を処理しました。
　い いんかい　あんけん　しょり
위원회에서 안건을 처리했습니다.

員

(관원)원
획수 : 10획
부수 : 口

いん 委員(いいん) 위원　店員(てんいん) 점원
定員(ていいん) 정원　満員(まんいん) 만원

丨 冂 口 口 口 口
員 員 員 員

・店員(てんいん)にサービス教育(きょういく)をしています。
점원에게 서비스교육을 하고 있습니다.

★ '힘쓰다'라는 의미로 努(つと)める와 勉(つと)める를 병행하는 경우도 있다는 것을 알아두세요.

勉

(힘쓸)면
획수 : 10획
부수 : 力

べん 勤勉(きんべん) 근면　勉学(べんがく) 면학
勉強(べんきょう) 공부

⺈ ⺈ 勉 勉 勉
勉 勉 免 免 勉

・一生懸命(いっしょうけんめい)、勉強(べんきょう)します。열심히 공부하겠습니다.

問

(물을)문
획수 : 11획
부수 : 口

もん 疑問(ぎもん) 의문　設問(せつもん) 설문
問題(もんだい) 문제
とう／とい／とん 問(と)う 묻다　問(と)い 물음
問屋(とんや) 도매상

丨 冂 門 門 門 門
門 門 門 問 問

・それはちょっと疑問(ぎもん)です。그것은 좀 의문입니다.
・責任(せきにん)は問(と)いません。책임은 묻지 않겠습니다.

★ 章(しょう)는 이름으로 쓰일 때 章(あきら)라는 독특한 발음으로 변합니다.

章

(글)장
획수 : 11획
부수 : 立

しょう 印章(いんしょう) 인장　勲章(くんしょう) 훈장
憲章(けんしょう) 헌장

丶 亠 亠 立 立 音
音 音 音 章 章

・胸(むね)に勲章(くんしょう)をつけて堂々(どうどう)と入(はい)ってきました。
가슴에 훈장을 달고 당당하게 들어왔습니다.

第

(차례)제

획수 : 11획
부수 : 竹

丿 ⺅ ⺮ 竹 竺 竺
笃 笃 笃 第 第

だい 及第(きゅうだい) 급제　次第(しだい) 순서
第一(だいいち) 제일

・この分野では第一人者です。이 분야에서는 제일인자입니다.

漢

(한나라)한

획수 : 13획
부수 : 氵

丶 氵 氵 汁 汁 汗 汗
芦 芦 淔 淔 漢 漢

かん　漢字(かんじ) 한자　漢文(かんぶん) 한문

・漢字の読み方がやさしくなりました。
한자 읽는 법이 쉬워졌습니다.

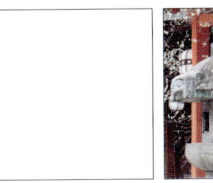

★모양이 비슷한 한자들 ④

한자	음독 / 훈독
見(볼 견)	けん／みる・みえる・みせる
貝(조개 패)	ばい／かい
作(지을 작)	さく・さ／つくる
昨(어제 작)	さく／ー
俗(풍속 속)	ぞく／ー
浴(목욕할 욕)	よく／あびる・あびせる
読(읽을 독)	とく・どく・とう／よむ
続(잇닿을 속)	ぞく／つづく・つづける
困(곤할 곤)	こん／こまる
因(인할 인)	いん／よる・ちなむ
何(어찌 하)	か／なに・なん
河(강 하)	か／かわ
求(구할 구)	きゅう／もとめる
救(구원할 구)	きゅう／すくう

이번 과에서 배울 한자

君 (임금)군   主 (주인)주   平 (평평할)평   等 (무리)등   追 (쫓을)추   放 (놓을)방
礼 (예도)례   式 (법)식   守 (지킬)수   昔 (옛)석   祭 (제사)제

그림으로 익히기

むかし せいかつ
昔の生活 옛날의 생활

くんしゅ
君主 군주

しろ まも
城を守る 성을 지키다

ついほう
追放 추방

추방!

ひょうどう じゅうし
平等を重視する 평등을 중시하다

평등

れいしき まつ
礼式の祭り 예식의 축제

일본 한자는 음독, 훈독에 따라 쓰임이 많이 달라지므로 단어와 예문으로 확실히 익혀 두세요.
획수와 필순, 부수 익히기는 기본!

君

(임금)군

획수 : 7획
부수 : 口

★ 君(くん)은 아랫사람인 남자의 이름 뒤에 붙여 쓰는 호칭 '~군'의 의미로도 쓰입니다.

くん 君主(くんしゅ) 군주　主君(しゅくん) 주군
諸君(しょくん) 제군

きみ 君(きみ) 임금, 군주, 자네, 그대

フ ユ ヨ ヨ 尹 君 君

・諸君、頑張ってください。 제군, 분발해 주세요.
　しょくん　がんば
・君のことが好きです。 그대를 좋아합니다.
　きみ　　　　　す

主

(주인)주

획수 : 5획
부수 : 丶

しゅ／す 主将(しゅしょう) 주장
主人(しゅじん) 주인, 남편　主婦(しゅふ) 주부

ぬし／おも 主(ぬし) 주인　地主(じぬし) 지주
主(おも)な 주된, 주요한

丶 亠 キ 宇 主

・主人の趣味はゴルフです。 남편의 취미는 골프입니다.
　しゅじん　しゅみ
・主のない家です。 주인 없는 집입니다.
　ぬし　　　いえ

平

(평평할)평

획수 : 5획
부수 : 一

へい／びょう 水平線(すいへいせん) 수평선
地平(ちへい) 지평　平均(へいきん) 평균　平地(へいち) 평지
平等(びょうどう) 평등

たいら／ひら 平(たい)ら 평평함　平泳(ひらおよ)ぎ 평영
平社員(ひらしゃいん) 평사원

一 ㄷ ㄷ 平 平

・水平線は海で見られます。 수평선은 바다에서 볼 수 있습니다.
　すいへいせん　うみ　み
・平らにしてください。 평평하게 해 주세요.
　たい

等 (무리)등
획수 : 12획
부수 : 竹

ノ 尺 欠 竹 竹 竹
竹 竹 竺 笒 等 等

とう 等級(とうきゅう) 등급　平等(びょうどう) 평등

ひとしい 等(ひと)しい 같다, 다름없다

・男女平等の時代です。 남녀평등의 시대입니다.
だんじょびょうどう　じだい

・その競技は勝利に等しい引き分けだった。
ひ　わ
그 경기는 승리나 다름없는 무승부였다.

追 (쫓을)추
획수 : 9획
부수 : 辶

ノ ⺆ ⺆ 阝 自
自 冶 追 追

つい 追求(ついきゅう) 추구　追撃(ついげき) 추격
追突(ついとつ) 추돌　追放(ついほう) 추방

おう 追(お)う 쫓다

・追突事故が多発します。 추돌사고가 다발합니다.
ついとつじこ　たはつ

・時間に追われています。 시간에 쫓기고 있습니다.
じかん　お

放 (놓을)방
획수 : 8획
부수 : 攵

丶 亠 宀 方
方 方 放 放

ほう 解放(かいほう) 해방　開放(かいほう) 개방

はなす／はなつ／はなれる 放(はな)す 놓아주다
放(はな)つ 놓아주다, 풀어주다　放(はな)れる 놓이다, 풀리다

・無料で博物館を開放しています。
むりょう　はくぶつかん　かいほう
무료로 박물관을 개방하고 있습니다.

・この手を放してください。 이 손을 놔 주세요.
て　はな

礼 (예도)례
획수 : 5획
부수 : 礻

丶 ⺀ 礻 ネ 礼

れい／らい 失礼(しつれい) 실례　無礼(ぶれい) 무례
礼儀(れいぎ) 예의　礼賛(らいさん) 예찬
礼拝(らいはい) 예배

・礼儀正しく挨拶をします。 예의 바르게 인사를 합니다.
れいぎただ　あいさつ

式

(법)식

획수 : 6획
부수 : 弋

しき 形式(けいしき) 형식　結婚式(けっこんしき) 결혼식

公式(こうしき) 공식　式場(しきじょう) 식장

一 二 テ テ 式 式

- 公式的に発表します。 공식적으로 발표하겠습니다.

守

(지킬)수

획수 : 6획
부수 : 宀

しゅ／す 守備(しゅび) 수비　厳守(げんしゅ) 엄수

死守(ししゅ) 사수　留守(るす) 외출하여 부재중임

まもる／もり 守(まも)る 지키다

子守(こも)り 아이를 봄, 또는 그런 사람

宀 宀 宁 宁 守 守

- 規則を厳守してください。 규칙을 엄수해 주세요.
- 約束は必ず守るようにしましょう。
  약속은 꼭 지키도록 합시다.

昔

(옛)석

획수 : 8획
부수 : 日

せき／しゃく 昔日(せきじつ) 옛날

往昔(おうせき) 왕석(옛적)　今昔(こんじゃく) 금석

むかし 昔(むかし) 옛날　昔話(むかしばなし) 옛날 이야기

一 十 艹 艹 艹
艹 昔 昔 昔

- 昔日のおもかげはありませんでした。
  옛 모습은 없었습니다.
- そんなことは昔から知っています。
  그런 것은 옛날부터 알고 있습니다.

祭

(제사)제

획수 : 11획
부수 : 示

さい 祭日(さいじつ) 축일　祭祀(さいし) 제사

前夜祭(ぜんやさい) 전야제

まつる／まつり 祭(まつ)る 제사지내다

秋祭(あきまつ)り 가을 축제

ク タ タ タ 外
外 奴 祭 祭 祭

- 祭日に学校は休みます。 축일에 학교는 쉽니다.
- 夏には祭りが盛んです。 여름에는 축제가 성행합니다.

이번 과에서 배울 한자

飲 (마실)음   酒 (술)주   部 (나눌)부   屋 (집)옥   皿 (접시)명   豆 (콩)두

具 (갖출)구   服 (옷)복   注 (흐를)주   柱 (기둥)주   帳 (휘장)장   階 (층계)계

童 (아이)동   湯 (끓일)탕   銀 (은)은

그림으로 익히기

さら 皿 접시   まめ 豆 콩

せんとう 銭湯 목욕탕

いんしゅ 飲酒 음주

みず そそ 水を注ぐ 물을 따르다

て ちょう 手帳 수첩

か ぐ 家具 가구

はしら 柱 기둥

かいだん 階段 계단

ようふく 洋服 양복

わらべ 童 아이

ぎんか 銀貨 은화

へ や 部屋 방

한자 익히기

일본 한자는 음독, 훈독에 따라 쓰임이 많이 달라지므로 단어와 예문으로 확실히 익혀 두세요.
획수와 필순, 부수 익히기는 기본!

飲

(마실)음
획수 : 12획
부수 : 食

飲飲飲今今今
飲食飲飲飲飲

いん 飲酒(いんしゅ) 음주 飲料水(いんりょうすい) 음료수
のむ 飲(の)む 마시다

・飲酒運転は危ないです。 음주운전은 위험합니다.
・水を飲みたいです。 물을 마시고 싶습니다.

酒

(술)주
획수 : 10획
부수 : 酉

酒酒酒酒酒
酒酒酒酒

しゅ 酒量(しゅりょう) 주량 濁酒(だくしゅ) 탁주
さけ／さか 酒(さけ) 술 甘酒(あまざけ) 단술, 감주
酒屋(さかや) 술을 소매하는 가게

・未成年者の飲酒はよくないです。
미성년자의 음주는 좋지 않습니다.
・青少年には酒を売りません。
청소년에게는 술을 팔지 않습니다.

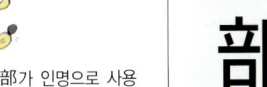

★ 部가 인명으로 사용
되는 경우로 安部(あべ)
와 같은 이름이 있습니
다.

部

(나눌)부
획수 : 11획
부수 : ß

部部部部部部
部部部部部

ぶ 一部(いちぶ) 일부 部署(ぶしょ) 부서
部長(ぶちょう) 부장 大部分(だいぶぶん) 대부분
へ 部屋(へや) 방

・ここの大部分の人が男の人です。
여기의 대부분의 사람이 남자입니다.
・ここが子どもの部屋です。
여기가 아이의 방입니다.

屋

(집)옥

획수: 9획
부수: 尸

おく 屋上(おくじょう) 옥상　家屋(かおく) 가옥
屋外(おくがい) 옥외

や 屋根(やね) 지붕　八百屋(やおや) 채소 가게, 채소 장수

ﾉ ｺ ｺﾞ 尸 尸
尸 尸 屋 屋

・屋上(おくじょう)で体操(たいそう)をしています。 옥상에서 체조를 하고 있습니다.
・この辺(へん)に八百屋(やおや)はありません。
이 부근에 채소 가게는 없습니다.

皿

(접시)명

획수: 5획
부수: 皿

さら 皿(さら) 접시　小皿(こざら) 작은 접시
大皿(おおざら) 큰 접시　受皿(うけざら) 받침 접시

ﾉ 冂 冂 皿 皿

・今日(きょう)はむすめが皿(さら)をきれいに洗(あら)ってくれました。
오늘은 딸이 접시를 깨끗하게 씻어 주었습니다.

190

豆

(콩)두

획수: 7획
부수: 豆

とう / ず 豆乳(とうにゅう) 두유　豆腐(とうふ) 두부
伊豆半島(いずはんとう) 이즈반도(지명)

まめ 枝豆(えだまめ) 풋콩　豆粒(まめつぶ) 콩의 한알 한알
豆本(まめほん) 아주 작은 책

ﾉ 一 一 一 一 豆 豆

・豆腐(とうふ)は豆(まめ)で作(つく)ります。 두부는 콩으로 만듭니다.
・節分(せつぶん)の日(ひ)に豆(まめ)をまきます。 절분의 날에 콩을 뿌립니다.

具

(갖출)구

획수: 8획
부수: 八

ぐ 家具(かぐ) 가구　具体的(ぐたいてき) 구체적
寝具(しんぐ) 침구

ﾉ 冂 冂 月 月 且 具 具

・具体的(ぐたいてき)な例(れい)をあげます。 구체적인 예를 들겠습니다.

服 (옷)복
획수 : 8획
부수 : 月

ふく　衣服(いふく) 의복　着服(ちゃくふく) 착복
制服(せいふく) 제복　礼服(れいふく) 예복

```
丿 月 月 月
月' 朋' 服 服
```

・礼服を着て式場に入りました。
れいふく　き　しきじょう　はい
예복을 입고 식장에 들어갔습니다.

★ 注(そそ)ぐ(흐르다)
란 의미의 동사 이외에
注(つ)ぐ로 읽어 '(술)을
따르다'란 의미로 활용된
다는 사실도 기억해 두
세요.

注 (흐를)주
획수 : 8획
부수 : 氵

ちゅう　注意(ちゅうい) 주의　注目(ちゅうもく) 주목
注文(ちゅうもん) 주문　注油(ちゅうゆ) 주유
そそぐ／つぐ　注(そそ)ぐ 흘리다, 붓다, 따르다
注(つ)ぐ 붓다, 따르다

```
丶 丶 氵 氵
汀 汀 注 注
```

・ご注文ください。주문해 주세요.
　ちゅうもん
・グラスに水を注いでいます。잔에 물을 따르고 있습니다.
　　　　　みず　そそ

柱 (기둥)주
획수 : 9획
부수 : 木

ちゅう　電柱(でんちゅう) 전주
はしら　大黒柱(だいこくばしら) 대들보(가정, 국가 등의 기둥이
되는 인물)

```
一 十 オ オ 杧
杧 杧 柱 柱
```

・電柱が倒れました。전주가 쓰러졌습니다.
　でんちゅう　たお
・父は家庭の柱です。아버지는 가정의 기둥입니다.
　ちち　かてい　はしら

帳 (휘장)장
획수 : 11획
부수 : 巾

ちょう　手帳(てちょう) 수첩　通帳(つうちょう) 통장
帳簿(ちょうぼ) 장부

```
丨 冂 巾 帄 帄
帄 帄 帳 帳 帳
```

・手帳にメモをします。수첩에 메모를 하겠습니다.
　てちょう

階 (층계)계
획수 : 12획
부수 : 阝

` ´ ⻖ ⻖ ⻖⻖ ⻖⻖
⻖比 ⻖比 階 階 階 階

かい 位階(いかい) 위계　階段(かいだん) 계단

階級(かいきゅう) 계급　段階(だんかい) 단계

・段階的に進めてください。단계적으로 진행해 주세요.

童 (아이)동
획수 : 12획
부수 : 立

` ⺊ ⺊ ⺊ 立 产
音 音 音 音 童 童

どう 児童(じどう) 아동　童心(どうしん) 동심

わらべ 童(わらべ) 아이　童歌(わらべうた) 동요

・童心に帰って歌います。동심으로 돌아가서 노래합니다.
・田舎の童。시골 어린아이.

湯 (끓일)탕
획수 : 12획
부수 : 氵

` ⺀ ⺀ ⺀ 沪 沪
沪 沪 沪 湯 湯 湯

とう 銭湯(せんとう) 대중목욕탕　熱湯(ねっとう) 열탕

湯治(とうじ) 탕치(온천욕으로 병을 치료함)

ゆ 湯水(ゆみず) 더운물, 물

・温泉へ湯治に行きます。온천으로 요양하러 갑니다.
・お湯が沸きました。뜨거운 물이 끓었습니다.

銀 (은)은
획수 : 14획
부수 : 金

丿 亽 亼 亼 牟 牟 金
金 釘 釘 釘 鈤 鈤 銀

ぎん 銀行(ぎんこう) 은행　銀箔(ぎんぱく) 은박

銀貨(ぎんか) 은화

・銀行で両替できます。은행에서 환전할 수 있습니다.

★모양이 비슷한 한자들 ⑤

한자	음독 / 훈독
友(벗 우)	ゆう／とも
反(돌이킬 반)	はん・ほん・たん／そる・そらす
察(살필 찰)	さつ／훈독 없음
祭(제사 제)	さい／まつる・まつり
説(말씀 설)	せつ・ぜい／とく
設(베풀 설)	せつ／もうける
施(베풀 시)	し・せ／ほどこす
旅(여행할 여)	りょ／たび
与(줄 여)	よ／あたえる・あずかる・くみする
興(일어날 흥)	こう・きょう／おこる・おこす
香(향기 향)	こう・きょう／か・かおり・かおる・かんばしい
番(차례 번)	ばん／훈독 없음

일본 한자는 음독, 훈독에 따라 쓰임이 많이 달라지므로 단어와 예문으로 확실히 익혀 두세요.
획수와 필순, 부수 익히기는 기본!

★ '予(あらかじ)め 미리'라는 의미를 가진 訓読(くんよ)み가 있다는 것도 기억하세요.

予

(미리)예
획수 : 4획
부수 : 亅

よ 予言(よげん) 예언 予習(よしゅう) 예습
予定(よてい) 예정 予約(よやく) 예약

フ マ ヌ 予

・彼の予言通りになりました。 그의 예언대로 되었습니다.
かれ よ げんどお

代

(대신할)대
획수 : 5획
부수 : 亻

だい／たい 代名詞(だいめいし) 대명사 時代(じだい) 시대
代行(だいこう) 대행 交代(こうたい) 교대
かわる／かえる／よ／しろ 代(か)わる 대신하다
代(か)える 바꾸다 君(きみ)が代(よ) 일본 국가
身代金(みのしろきん) 인질의 몸값

ノ イ 仁 代 代

・時代の流れが読める本。 시대의 흐름을 읽을 수 있는 책.
じ だい なが よ ほん
・友達の代りに私がやります。 친구 대신 내가 하겠습니다.
ともだち かわ わたし

申

(아뢸)신
획수 : 5획
부수 : 田

しん 申告(しんこく) 신고 申請(しんせい) 신청
もうす 申(もう)す '말하다'의 공손한 말씨

丨 冂 曱 曰 申

・申告する物はありません。 신고할 물건은 없습니다.
しんこく もの
・田中と申します。 다나카라고 합니다.
た なか もう

194

世 (세상)세
획수 : 5획
부수 : 一

せい／せ 近世(きんせい) 근세　世界(せかい) 세계
　　　　出世(しゅっせ) 출세
よ 世(よ)の中(なか) 세상

一 十 卅 卅 世

・韓国(かんこく)の技術(ぎじゅつ)は世界一(せかいいち)です。 한국의 기술은 세계 제일입니다.
・世(よ)の中(なか)に簡単(かんたん)にできることはありません。
　세상에 간단히 할 수 있는 일은 없습니다.

★ よ(由)る라는 발음으로 '따르다/의하다'라는 의미로 활용되는 동사가 있는 것도 참고하세요. 단, 이 때에는 대부분 히라가나로만 표기합니다.

由 (말미암을)유
획수 : 5획
부수 : 田

ゆ／ゆう／ゆい 由来(ゆらい) 유래　理由(りゆう) 이유
自由(じゆう) 자유　由緒(ゆいしょ) 유서
よし 由(よし) 유래, 연유, 까닭

丨 冂 冂 由 由

・理由(りゆう)が適当(てきとう)ではありません。 이유가 적당하지 않습니다.
・宗教(しゅうきょう)は自由(じゆう)です。 종교는 자유입니다.
・由(よし)もなく反対(はんたい)しないでください。
　이유도 없이 반대하지 마세요.

央 (가운데)앙
획수 : 5획
부수 : 大

おう 中央(ちゅうおう) 중앙

丨 冂 凡 央 央

・市内(しない)の中央(ちゅうおう)にタワーがあります。
　시내 중앙에 타워가 있습니다.

他 (남)타
획수 : 5획
부수 : 亻

た 他殺(たさつ) 타살　他人(たにん) 타인
ほか 他(ほか) 그 밖, 이외

丿 亻 什 他 他

・自殺(じさつ)ではなく他殺(たさつ)です。 자살이 아니고 타살입니다.
・他(ほか)の人(ひと)に聞(き)いてください。 다른 사람에게 물어봐 주세요.

号

(부르짖을)호
획수 : 5획
부수 : 口

ノ 口 口 旦 号

ごう 号数(ごうすう) 호수 号令(ごうれい) 호령
信号(しんごう) 신호

・赤信号に変わりました。 빨간 신호로 바뀌었습니다.

両

(두)량
획수 : 6획
부수 : 一

一 ﾃ ﾃ 両 両 両

りょう 車両(しゃりょう) 차량 両替(りょうがえ) 환전
両親(りょうしん) 양친

・両替してください。 환전해 주세요.

死

(죽을)사
획수 : 6획
부수 : 歹

一 ﾌ ﾃ 歹 死 死

し 安楽死(あんらくし) 안락사 死体(したい) 사체
死亡(しぼう) 사망 変死体(へんしたい) 변사체
しぬ 死(し)ぬ 죽다

・変死体で見つかりました。 변사체로 발견되었습니다.
・死ぬことは人の運命です。 죽는 것은 사람의 운명입니다.

★ 우리나라에서와 마찬가지로 일본에서도 죽음의 의미가 있는 死(し)와 음이 같은 숫자 四(し)는 병원이나 결혼식 등에서 사용하지 않습니다.

羊

(양)양
획수 : 6획
부수 : 羊

丶 ﾉ ﾓ ﾂ 兰 羊

よう 綿羊(めんよう) 면양 羊毛(ようもう) 양모
ひつじ 羊(ひつじ) 양

・羊毛で作ったコートです。 양모로 만든 코트입니다.
・羊の毛で服を作ります。 양털로 옷을 만듭니다.

★ 羊(ひつじ)와 洋(よう)는 모양이 비슷해서 혼동하기 쉬우니 주의하세요.

96

決 (정할)결
획수 : 7획
부수 : 氵

필순: 決 決 氵 汁 決 決

けつ 決意(けつい) 결의　決定(けってい) 결정
決闘(けっとう) 결투　決裂(けつれつ) 결렬
きめる 決(き)める 결정하다

- 決定したことには従います。 결정된 것에는 따르겠습니다.
- 辞めることを決めました。 그만둘 것을 결정했습니다.

坂 (비탈)판
획수 : 7획
부수 : 土

필순: 一 十 土 ナ 圹 坂 坂

はん 急坂(きゅうはん) 가파른 비탈
さか 坂道(さかみち) 비탈길　下(くだ)り坂(ざか) 내리막길

- 急坂で転びました。 가파른 언덕에서 넘어졌습니다.
- 彼の人気はすでに下り坂だ。 그의 인기는 이미 내리막길이다.
- 坂道で滑りました。 비탈길에서 미끄러졌습니다.

命 (목숨)명
획수 : 8획
부수 : 口

필순: ノ 人 人 人 命 命 命 命

めい／みょう 運命(うんめい) 운명　命令(めいれい) 명령
人命(じんめい) 인명　命(めい)じる 명하다
寿命(じゅみょう) 수명
いのち 命(いのち) 생명
命拾(いのちびろ)い 구사일생으로 살아남

- 命令しないでください。 명령하지 마세요.
- 父と母が命をくれました。
아버지와 어머니가 생명을 주었습니다.

使 (부릴)사
획수 : 8획
부수 : 亻

필순: ノ 亻 仁 仁 仁 仁 使 使

し 使用(しよう) 사용　使命感(しめいかん) 사명감
行使(こうし) 행사
つかう 使(つか)う 사용하다

- 使命感を持って仕事します。 사명감을 갖고 일합니다.
- 使ってみてください。 사용해 보세요.

★ 訓読(くんよ)み로
'実(みの)る 열매 맺다'
라는 동사도 있습니다.

実 (열매)실
획수 : 8획
부수 : 宀

`丶丷宀宀宀宀宀実実`

じつ　実験(じっけん) 실험　実習(じっしゅう) 실습

実践(じっせん) 실천　事実(じじつ) 사실

み　実(み) 열매, 씨앗　実入(みい)り 결실

・実験で成功しました。실험에서 성공했습니다.

・いい結果で実を結びます。좋은 결과로 열매를 맺겠습니다.

育 (기를)육
획수 : 8획
부수 : 月

`丶亠亠云育育育育`

いく　育成(いくせい) 육성　教育(きょういく) 교육

そだつ/そだてる　育(そだ)つ 자라다, 성장하다

育(そだ)てる 기르다, 육성하다

・教育は国の財産です。교육은 나라의 재산입니다.

・子どもの育て方を習っています。
아이 기르는 법을 배우고 있습니다.

定 (정할)정
획수 : 8획
부수 : 宀

`丶丷宀宀宀宀定定`

てい/じょう　安定(あんてい) 안정　決定(けってい) 결정

定石(じょうせき) 정석

さだめる/さだまる/さだか　定(さだ)める 정하다

定(さだ)まる 정해지다　定(さだ)かだ 정확하다, 명확하다

・安定した生活をしています。안정적인 생활을 하고 있습니다.

・場内に動物を入れないように定めました。
장내에 동물을 들이지 않도록 정했습니다.

板 (널빤지)판
획수 : 8획
부수 : 木

`一十才木木板板板`

はん/ばん　板刻(はんこく) 판각　甲板(かんぱん) 갑판

鉄板(てっぱん) 철판

いた　まな板(いた) 도마

・鉄板焼きの店が多くなりました。
철판구이 가게가 많아졌습니다.

・包丁はまな板の上にあります。부엌칼은 도마 위에 있습니다.

表
(겉)표
획수 : 8획
부수 : 衣

一 十 キ 主
圭 丰 表 表

ひょう 表(ひょう) 표　表面(ひょうめん) 표면
発表(はっぴょう) 발표

おもて／あらわす／あらわれる 裏表(うらおもて) 안팎, 안
과 겉　表(あらわ)す 나타내다, 드러내다　表(あらわ)れる 드러나다

- 表で表してください。표로 나타내 주세요.
  ひょう　あらわ

- 裏表が違います。겉과 속이 다릅니다.
  うらおもて　ちが

和
(화목할)화
획수 : 8획
부수 : 口

ノ ニ 千 千
禾 禾 和 和

わ／お 温和(おんわ) 온화　柔和(にゅうわ) 유화
和解(わかい) 화해

やわらぐ／やわらげる／なごむ／なごやか 和(やわ)らぐ
누그러지다, 온화해지다　和(やわ)らげる 누구러뜨리다, 완화하다

和(なご)む 온화해지다, 누그러지다

和(なご)やかだ 온화하다, 부드럽다

- 相手と和解しました。상대와 화해했습니다.
  あいて　わ かい

- 寒波の寒さが和らぎました。한파 추위가 누그러졌습니다.
  かん ぱ　さむ　やわ

★ 界(かい)도 訓読(く
んよ)미로는 읽지 않는
한자의 하나입니다.

界
(경계)계
획수 : 9획
부수 : 田

ノ 丨 口 四 四 田
罗 甲 界 界

かい 境界(きょうかい) 경계　業界(ぎょうかい) 업계
世界(せかい) 세계

- 業界でトップです。업계에서 톱입니다.
  ぎょうかい

級
(등급)급
획수 : 9획
부수 : 糸

ィ 幺 幺 糸 糸
糸 紅 級 級

きゅう 1級(いっきゅう) 일급　上級(じょうきゅう) 상급
進級(しんきゅう) 진급

- 上級クラスに入りました。상급 클래스에 들어갔습니다.
  じょうきゅう　はい

度

(법)도

획수 : 9획
부수 : 广

ど／と／たく 　限度(げんど) 한도　湿度(しつど) 습도

制度(せいど) 제도　法度(はっと) 법도　支度(したく) 준비

たび 　度(たび) 때, 적　この度(たび) 이번

一 广 广 广 广
广 广 庐 度

- 先進国(せんしんこく)の制度(せいど)を導入(どうにゅう)します。 선진국 제도를 도입하겠습니다.
- 友達(ともだち)の家(いえ)に行(い)く度(たび)に留守(るす)です。

  친구 집에 갈 때마다 부재중입니다.

面

(낯)면

획수 : 9획
부수 : 面

めん 　面子(めんつ) 체면, 면목　顔面(がんめん) 안면

正面(しょうめん) 정면　表面(ひょうめん) 표면

おも／おもて／つら 　面影(おもかげ) (옛날의) 모습, 얼굴 생김새

面(おもて) 얼굴, 낯, 안면　細面(ほそおもて) 갸름한 얼굴

泣(な)きっ面(つら) 우는 얼굴

一 ア 丆 丙 面
而 而 面 面

- 面子(めんつ)が立(た)ちません。 체면이 서지 않습니다.
- 面(おもて)をふせて歩(ある)いています。 얼굴을 숙이고 걷고 있습니다.

昭

(밝힐)소

획수 : 9획
부수 : 日

しょう 　昭和(しょうわ) 쇼와

I 日 日 日 昭
昭 昭 昭 昭

- 彼(かれ)は昭和(しょうわ) 36 年(ねん)生(う)まれです。 그는 쇼와 36년 출생입니다.

★ 昭(しょう)는 주로
일본의 연호와 인명에 쓰
이는 한자입니다.
★ 昭和(しょうわ)는
1926년부터 1989년까
지의 일본 연호입니다.

200

洋

(큰바다)양

획수 : 9획
부수 : 氵

よう 　西洋人(せいようじん) 서양인

大西洋(たいせいよう) 대서양　太平洋(たいへいよう) 태평양

西洋式(せいようしき) 서양식　洋食(ようしょく) 양식

丶 丶 氵 氵 沪
沪 洋 洋 洋

- 西洋人(せいようじん)は肉(にく)が主食(しゅしょく)です。 서양인은 고기가 주식입니다.

秒

(초)초
획수 : 9획
부수 : 禾

秒一ノノチ禾禾
禾和秒秒

びょう 秒速(びょうそく) 초속　秒針(びょうしん) 초침

・秒針が止りました。 초침이 멈췄습니다.

倍

(배)배
획수 : 10획
부수 : 亻

倍亻亻亻伫伫伫
倍倍倍倍

ばい 倍額(ばいがく) 배액　倍率(ばいりつ) 배율

・2倍に値上がりしました。 두 배로 값이 인상되었습니다.

都

(도읍)도
획수 : 11획
부수 : 阝

都十土耂耂者者
者者者都都

と／つ 京都(きょうと) 교토　都会(とかい) 도회

都民(とみん) 도민

みやこ 都(みやこ) 수도, 도시

・都会へ出て働いています。 도회에 나가서 일하고 있습니다.

・住めばみやこ。 정들면 고향

★ 悪(あく)이외에 또 다른 音読(おんよ)み 로 'お'가 있습니다. 예 제 단어로는 嫌悪(けん お) 혐오, 悪寒(おか ん) 오한' 등이 있으니 함께 기억해 두세요.

悪

(나쁠)악
획수 : 11획
부수 : 心

悪一丅丂亞亞亞
亞亞悪悪悪

あく 悪意(あくい) 악의　悪徳(あくとく) 악덕

わるい 悪(わる)い 나쁘다

・悪意はありません。 악의는 없습니다.

・マナーが悪い人です。 매너가 나쁜 사람입니다.

筆

(붓)필
획수 : 12획
부수 : 竹

筆竹竹竹竺竺筆
笁笁笁箪筆筆

ひつ 鉛筆(えんぴつ) 연필　万年筆(まんねんひつ) 만년필

ふで 筆(ふで) 붓

・万年筆で書かないでください。 만년필로 쓰지 마세요.

・筆の持ち方は難しいです。 붓 쥐는법은 어렵습니다.

★ 様(さま)는 이 외에 사람 이름 뒤에 붙어 '~ 님'이란 의미로 활용되는 점도 알아두세요.

様 (모양)양
획수 : 14획
부수 : 木

よう 模様(もよう) 무늬 様式(ようしき) 양식

様態(ようたい) 양태

さま 王様(おうさま) 임금님

奥様(おくさま) (남의 아내를 높이는 말) 부인

一 十 才 木 木 栏 栏
栏 栏 样 样 样 様 様

・模様(もよう)がきれいです。 무늬가 예쁩니다.

・奥様(おくさま)によろしく。 부인에게 안부 전해 주세요.

調 (고를)조
획수 : 15획
부수 : 言

ちょう 調整(ちょうせい) 조정

調味料(ちょうみりょう) 조미료 調査(ちょうさ) 조사

しらべる 調(しら)べる 조사하다

丶 亠 亠 亖 言 言 言
訂 訂 訓 調 調 調 調

・調味料(ちょうみりょう)をかけてください。 조미료를 쳐 주세요.

・真相(しんそう)を調(しら)べてください。 진상을 조사해 주세요.

整 (가지런할)정
획수 : 16획
부수 : 攵

せい 整理(せいり) 정리 整備(せいび) 정비

調整(ちょうせい) 조정

ととのえる／ととのう 整(ととの)える 조절하다, 가지런히 하다

整(ととの)う 고르게 되다, 정비되다

一 厂 币 币 束 束
束 敕 敕 敕 敕
敕 敕 敕 整 整

・古(ふる)い衣服(いふく)を整理(せいり)します。 오래된 의복을 정리합니다.

・服装(ふくそう)を整(ととの)えて面接(めんせつ)に行(い)きました。
복장을 단정히 하고 면접에 갔습니다.

202

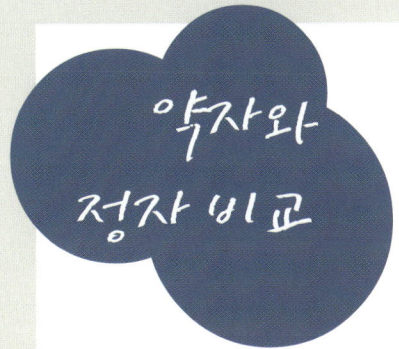

약자와 정자 비교

우리나라 한자와 일본의 한자는 같은 듯 하지만 다른 점이 있습니다. 바로 우리나라는 정자를 쓰고 일본은 약자를 쓴다는 사실인데요, 다음 한자들이 바로 그 예입니다. 양국 한자의 차이를 알아두면 유용하겠죠?

일본한자	훈과 음	한국한자	일본한자	훈과 음	한국한자
円	둥글 원	圓	強	강할 강	強
糸	실 사	絲	弱	약할 약	弱
気	기운 기	氣	毎	매양 매	每
青	푸를 청	靑	帰	돌아갈 귀	歸
学	배울 학	學	声	소리 성	聲
虫	벌레 충	蟲	絵	그림 회	繪
国	나라 국	國	画	그림 화 / 가를 획	劃畫
会	만날 회	會	体	몸 체	體
社	모일 사	社	雪	눈 설	雪
売	팔 매	賣	黒	검을 흑	黑
・	낮 주	晝	黄	누를 황	黃
読	읽을 독	讀	晴	맑을 청	晴

일본한자	훈과 음	한국한자	일본한자	훈과 음	한국한자
図	그림 도	圖	悪	나쁠 악	惡
万	일만 만	萬	漢	한나라 한	漢
歩	걸을 보	步	飲	마실 음	飮
来	올 래	來	温	따뜻할 온	溫
船	배 선	船	暑	더울 서	暑
教	가르칠 교	敎	急	급할 급	急
麦	보리 맥	麥	転	구를 전	轉
台	토대 대	臺	両	두 량	兩
岩	바위 암	巖	様	모양 양	樣
点	점 점	點	発	필 발	發
数	셈할 수	數	乗	탈 승	乘
楽	즐길 락	樂	駅	역말 역	驛
当	마땅할 당	當	鉄	쇠 철	鐵
広	넓을 광	廣	横	가로 횡	橫
海	바다 해	海	館	집 관	館
医	의원 의	醫	神	귀신 신	神
者	놈 자	者	港	항구 항	港
薬	약 약	藥	軽	가벼울 경	輕
礼	예도 례	禮	県	고을 현	縣
真	참 진	眞	区	구역 구	區
実	열매 실	實	歯	이 치	齒
対	마주볼 대	對	写	베낄 사	寫
号	부르짖을 호	號			
練	익힐 연	練			
予	미리 예	豫			
都	도읍 도	都			
緑	푸를 록	綠			

일본어

능력시험

N4 · N5

한자

일본어 능력시험 N4 · N5 한자

*표시 : N5 한자

ア 悪 安* 暗

イ 以 医 意 一* 員 院 飲* 引

ウ 右* 雨* 運

エ 英 映 駅* 円* 遠

オ 屋 音

カ 下* 火* 何* 夏 花* 家 歌 画 回 会* 海 界 開 外* 学* 楽 寒 間* 漢 館 顔

キ 気* 起 帰 九* 休* 究 急 牛 魚* 去 京 強 教 業 近 金* 銀

ク 区 空*

ケ 兄 計 軽 月* 犬 見* 建 研 県 験 元 言*

コ 古* 五* 午* 後* 語* 口* 工 広 光 好 考 行* 校* 高* 合 国* 黒 今*

サ 左* 菜 作 三* 山* 産

シ 子* 止 仕

短 男 * 地 池 知 茶 着 中 *
チ
注 昼 町 長 * 鳥 朝 通 低 弟 天 *
テ
転 田 電 * 都 土 * 度 冬 東 * 答 頭 同
ト

セ
世 正 生 * 西 * 声 青 夕 赤 切 説 千 *
川 * 先 * 洗 前 早 走 送 店 *
ソ
族 村 太 体 待 貸 大 *
タ
代 台 題

終 習 週 集 * 十 * 住 重 出 * 春 所 書 * 女 * 暑 * 小 * 少 * 上 * 乗 場 色 食 * 心 真 進 森 新 * 親 人 *
ス
図 水 *

四 * 市 耳 * 死 私 使 始 姉 思 紙 試 字 自 事 持 時 * 七 * 室 質 写 社 * 車 * 者 借 弱 手 * 主 首 秋

색인

가나다 순

색인 (가나다순)

답(대답할)	答	94	
당(마땅할)	当	109	
대(기다릴)	待	131	
대(대신할)	代	194	
대(큰)	大	21	
대(마주볼)	対	121	
대(토대)	台	102	
도(길)	道	88	
도(도읍)	都	201	
도(법)	度	200	
도(섬)	島	155	
도(칼)	刀	107	
도(그림)	図	105	
독(읽을)	読	93	
동(겨울)	冬	74	
동(동녘)	東	53	
동(아이)	童	192	
동(움직일)	動	152	
동(한가지)	同	109	
두(머리)	頭	80	
두(콩)	豆	190	
등(무리)	等	186	
등(오를)	登	127	

ㄹ

락(즐길)	楽	98	
락(떨어질)	落	127	
래(올)	来	71	
량(두)	両	196	
력(힘)	力	48	
례(예도)	礼	186	
로(길)	路	176	
록(초록빛)	緑	161	
류(흐를)	流	135	
리(다스릴)	理	110	
리(마을)	里	66	
림(수풀)	林	29	
립(설)	立	39	

ㅁ

마(말)	馬	69	
만(일만)	万	110	
매(누이)	姉	84	
매(살)	買	99	
매(매양)	毎	59	
매(팔)	売	99	
맥(보리)	麦	88	
면(낯)	面	200	

면(힘쓸)	勉	181	
명(목숨)	命	197	
명(밝을)	明	110	
명(울)	鳴	70	
명(이름)	名	42	
명(접시)	皿	190	
모(어미)	母	83	
모(털)	毛	106	
목(나무)	木	18	
목(눈)	目	37	
문(글월)	文	46	
문(들을)	聞	97	
문(문)	門	101	
문(물을)	問	181	
물(만물)	物	163	
미(맛)	味	180	
미(쌀)	米	87	
미(아름다울)	美	153	

ㅂ

반(돌아올)	返	125	
반(돌이킬)	反	121	
반(절반)	半	60	
발(필)	発	133	
방(놓을)	放	186	

방(모)	方	54	사(생각할)	思	110	설(눈)	雪	76
배(배)	倍	201	사(섬길)	仕	175	성(별)	星	75
배(짝)	配	164	사(일)	事	175	성(소리)	声	98
백(일백)	百	25	사(절)	寺	56	세(가늘)	細	111
백(흰)	白	22	사(죽을)	死	196	세(세상)	世	195
번(차례)	番	97	사(실)	糸	48	소(바)	所	171
병(병들)	病	135	산(뫼)	山	29	소(밝힐)	昭	200
보(걸을)	步	71	산(셈할)	算	92	소(사라질)	消	131
복(복)	福	151	삼(석)	三	15	소(작을)	小	21
복(옷)	服	191	삼(숲)	森	29	소(적을)	少	66
본(근본)	本	45	상(상자)	箱	165	속(빠를)	速	144
부(나눌)	部	189	상(생각할)	想	153	송(보낼)	送	164
부(아비)	父	83	상(서로)	相	177	수(머리/목)	首	80
부(질)	負	148	상(윗)	上	22	수(물)	水	18
북(북녘)	北	54	상(장사)	商	164	수(받을)	受	163
분(나눌)	分	85	색(빛)	色	79	수(손)	手	37
비(슬퍼할)	悲	152	생(낳을／살)	生	46	수(지킬)	守	187
비(코)	鼻	140	서(글)	書	93	수(셈할)	数	93
빙(얼음)	氷	156	서(더울)	暑	122	숙(묵을)	宿	179
			서(서녘)	西	53	습(익힐)	習	148
			석(돌)	石	30	습(주울)	拾	126
			석(옛)	昔	187	승(이길)	勝	148
ㅅ			석(저녁)	夕	31	승(탈)	乘	167
			선(먼저)	先	46	시(때)	時	60
사(베낄)	写	129	선(배)	船	102	시(시)	詩	179
사(넉)	四	16	선(실)	線	94	시(저자)	市	54
사(모일)	社	55						
사(부릴)	使	197						

시(처음)	始	133		야(들)	野	77		왕(임금)	王	42
시(화살)	矢	102		야(밤)	夜	60		외(바깥)	外	65
식(먹을)	食	88		약(약할)	弱	63		요(빛날)	曜	60
식(법)	式	187		약(약)	藥	136		용(쓸)	用	111
식(숨쉴)	息	132		양(양)	羊	196		우(깃)	羽	106
식(심을)	植	160		양(볕)	陽	160		우(벗)	友	85
신(귀신)	神	129		양(큰바다)	洋	200		우(비)	雨	31
신(몸)	身	139		양(모양)	樣	202		우(소)	牛	69
신(새)	新	97		어(고기)	魚	69		우(오른쪽)	右	23
신(아뢸)	申	194		어(말씀)	語	89		운(구름)	雲	77
실(열매)	實	198		언(말씀)	言	89		운(나를)	運	149
실(집)	室	91		업(업)	業	165		원(관원)	員	181
심(깊을)	深	159		예(미리)	予	194		원(근원)	元	111
심(마음)	心	79		여(여행할)	旅	130		원(근원)	原	76
십(열)	十	17		역(부릴)	役	152		원(동산)	園	56
				역(역말)	驛	132		원(둥글)	円	25
				연(갈)	硏	176		원(멀)	遠	63
				연(익힐)	練	147		원(집)	院	135
ㅇ				열/렬(줄/벌일)	列	155		월(달)	月	18
				엽(잎)	葉	160		위(맡길)	委	180
악(나쁠)	惡	201		영(수영할)	泳	143		유(기름)	油	156
안(언덕)	岸	130		오(다섯)	五	16		유(놀)	遊	143
안(얼굴)	顔	79		오(낮)	午	111		유(말미암을)	由	195
안(편안할)	安	147		옥(구슬)	玉	25		유(있을)	有	143
암(바위)	岩	75		옥(집)	屋	190		육(여섯)	六	16
암(어두울)	暗	145		온(따뜻할)	溫	144		육(고기)	肉	87
앙(가운데)	央	195								

213

214

진(나아갈)	進	175
진(참)	真	130
집(모을)	集	180

색인

총획순

색인 (총획순)

221

222

223

224